剛剛好的距離

尚瑞君——著

設定關愛界線，家有青少年的親子相處指南

目錄

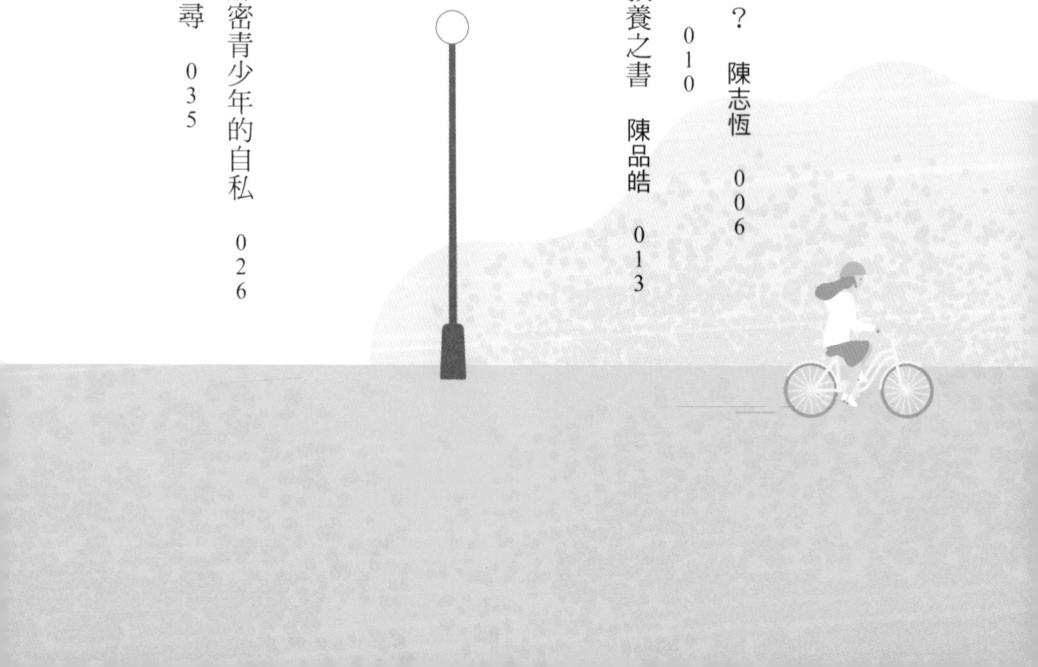

第二章

轉大人，眞的很辛苦

第三章

做父母難，做青少年的父母更難

第四章

青春期的親子關係，比管教更重要

結語

推薦序

管多一點、管少一點，如何拿捏「剛剛好的距離」？

——諮商心理師、暢銷作家 陳志恆

青少年的家長，常感到相當矛盾。

一方面，「吾家有女（兒）初長成」，孩子要轉大人了，該為孩子感到開心，並充滿期待。另一方面，青春期孩子的大腦混亂衝動，常管不住自己的言行，大小問題不斷，總令父母操心不已。

更令家長困惑的，是孩子明明還很需要大人協助，但卻時常把大人給一腳踢開，要如何和孩子保持良性互動呢？

就我長期觀察，青少年家長的煩惱，常來自於對孩子身心巨變的「不適應」。突然間，孩子不只身形不同了，連講話的語氣和態度都不若從前。青少年不再撒嬌、不再愛分享，總表現出一副人家欠錢沒還的表情，連回答問題也都面露不耐，直叫家長抓狂。

許多家長內心嚴重失落，只想把過去那個可愛的孩子找回來，讓親子關係能回到從前般親暱。問題是，回不來了！父母若不能及早調整心態、接受現實，恐怕只能在失望與挫敗中度日。

我記得，高中時，有一次與父親出門吃飯。吃過飯，父親問我好吃嗎？沒等我回答，父親就接著說：「還好，都可以。」

我內心一驚：他怎麼知道我正要說這句話？

父親一派輕鬆，笑著說：「我常常問你什麼，你都回答我這些呀！」我這才意識到，對耶！我常把這些精簡的詞語掛在嘴邊。事實上，我不討厭和父母出門，與父母相處也算自在，然而，我就是習慣這麼說。

我沒有惡意，但就是想要這麼說。

很多時候，青少年回應父母的態度，真的沒有惡意，但是卻很容易被解讀為「愛理不理」、「沒大沒小」、「目中無人」、「毫不在乎」等。然而，如果你能像我父母那般，接受孩子現在就是這副德性，允許孩子可以這樣表達，彼此仍能相安無事地相處，那你肯定是相當有智慧的。

當我看到尚瑞君老師的新書《剛剛好的距離》的書名時，我就笑了！因為，與青少年孩子相處，最需要也最難拿捏的，就是「剛剛好的距離」。

我常對青少年的家長說：「孩子長大了，別管太多！」有的家長聽了之後，就此放手不管，對孩子不聞不問；看似尊重信任，事實上過沒幾天，就又受不了，重新回到過去的緊迫盯人。

為什麼？

因為，你若都不管，孩子肯定越界出事，當家長的可承受不起，於是就此認定「青少年是不可信任的生物」。然而，「別管太多」絕非「全都不管」；而是，你需要重新檢視對於孩子的規範和要求，哪些方面是絕對不能牴觸的，哪些地方是允許孩子有自主的空間。

《剛剛好的距離》是一本與青少年相處的教戰守則，是作者尚瑞君與她兩位青春期階段孩子過招的心路歷程與心得分享。裡頭談到的，都是青少年家長的痛點，你肯定會點頭如搗蒜，也會期待從中獲得解方或指引。

正如書中不斷強調的，想與孩子的心更靠近，或許，你得先與孩子拉遠距離。

畢竟，有距離，才有美感呀！

推薦者簡介

陳志恆，諮商心理師、暢銷作家，為長期與青少年孩子工作的心理助人者。曾任中學輔導教師、輔導主任，目前為臺灣ＮＬＰ學會副理事長。

著有心理勵志及親子教養等暢銷書共八本，為二〇一八－二〇二一年博客來百大暢銷書作家。

推薦序

專為你超前部署的「青少年使用說明書」

——諮商心理師　**黃之盈**

看到瑞君的新書，讓我眼睛為之一亮！長年以輔導與諮商青少年及其父母為主力工作的我，常常能感受到父母們上一秒還在天堂、下一秒就瞬間墜入地獄的心情。

「明明剛剛還好好的，多關心一下就臭臉，到底是招誰惹誰了？」「都只願意聽他愛聽的話，講到不愛聽就翻臉，真難伺候！」「上了國中，孩子簡直換了一個人，翻臉比翻書還快，怎麼回事？」

當父母被夾擊在冰火九重天的狀況，所感受到的恐懼和無望，和孩子一樣強烈。孩子們也感受到明明過去可以好好講的事，怎麼這陣子就像是吃了炸藥，親子衝突隨時可能引爆；明明以往還會想找爸媽撒嬌，現在卻變得彆扭；明明過去可以和爸媽分享許多事，現在卻想隱藏及保有自己的祕密。這些時刻的孩子，其實也是感到不舒服的！

就像我在「青春期父母預備課程」中，常會提到的狀態，青少年時期就像是毛毛蟲要蛻變成蝴蝶之前，逐漸作繭自縛的時期。尤其這個時期，每個青少年在荷爾蒙的召喚下，每一個家庭挑釁父母的風暴，各有不同的滋味，父母很難調適是很正常的。尤其家長常跟我分享，讓他們感到難受的，還有過去國小那個曾無話不談、「爸爸媽媽說」至上的小親親，赫然轉身，已然變成頂嘴、讓你無言以對卻內傷深遠的大暴龍！

在這本書中我最喜歡的觀點，除了瑞君總能和兒子之間進行溫婉又犀利的機智對話之外。更棒的是，也提醒父母和老師們，「青春期如此之狂，這場風暴就像發燒，有開始有結束，而不是像熊熊大火，無限延燒。」

發燒的概念是有起因、有病程，也有結束、修復及意義，但父母最害怕的就是這場戰役會綿綿不絕地「延燒」。延燒的觀念，常常讓父母直覺地害怕會烽火連三月，燒也燒不完。尤其，令父母操煩的還有「擔心孩子從此不再尊敬爸媽」、「你看他現在態度這麼差，這麼沒禮貌，長大肯定完蛋」、「機會教育要及時，現在不管，以後就管不動了」這些焦慮常常讓父母走在教養的十字路口上，他們不能也不想體罰，但也怕現在不管教，未來會成為大麻煩！

這些焦慮，往往讓父母和孩子失去連結，甚至是在青少年最想要的「信任」關係上跌跤。但其實當父母感到失落時，孩子也是備受挫折，當他們已經把最後一道門關上時，內心的吶喊就更難被聽見，看似惡劣態度背後的心聲是：

「我講話不禮貌，不代表我壞得很徹底，你要相信我好嗎？」

「我做事不長眼，不代表我都沒用腦好嗎？」

「我常常口不擇言，不代表我不懊惱後悔好嗎？」

當親子衝突如能解熱，這些想法就有表達的空間，你會發現「你的孩子依然是你的孩子」，只是他需要更多的思考、沉澱、表達、接觸自己的內心話！在這裡，你且慢來聽聽，瑞君幫你增強親職的信心，當我聽著她說「每一場發燒，都是一點一滴增加愛的抵抗力」，從小時候的保母，國小時期的教練，青春時期的顧問，人生顛簸時期的陪跑員，又或是等待孩子成年，成為像朋友般的家人，父母和孩子都是二度形變，我們絕對可以透過這場教養的傳承中，感受世代更迭的美好，也撞見生命破繭而出的美麗！

希望這本書，能讓你一起感受親子之間的滾動式成長，以及源源不絕的生命力！

推薦序

家有青春期孩子的青少年治療師，想與你分享的教養之書

——米露谷心理治療所　**陳品皓**

在從事青少年心理諮商十多年，服務過上千位兒童青少年之後，有時候我自認為對青春期的大孩子們是相當理解的，然而當身分轉變為青春期孩子的家長時，我發現工作上的這份理解，並沒有真正讓我可以安穩地面對自己的親子關係。

在專家與家長的角色轉換過程中，我發現自己身處在很大的落差當中，而這份落差的根源，是來自於在關係中，我們面對的並不只是眼前的人，而是彼此生命背後的各種議題。

因此，親子關係，並不是個簡單輕鬆的話題，甚至對很多家長來說，這是一個沉重而

糾結的階段，我們感到挫折、孤單以及矛盾，但又同時感受到對孩子的愛跟擔心，這些錯綜複雜的感受，交織融合成關係中的衝突與懷疑。在大部分時候，這些心情難以被理解，也無法訴說，只能透過和他人類似經驗的對話，獲得支持與同理。

我在尚瑞君老師的這本著作中，就得到了被理解與理解孩子的一扇窗。瑞君老師身為青少年家長的心得與經驗，相當切身又貼近地說中了我所認識的青少年，同時也看見了身為家長的自己。

「許多親子關係裡的衝突不是因為沒有愛，而是因為有更多的委屈沒有被理解，因而讓誤會變成硝煙的導火線。」這是瑞君老師書中的一小段話，娓娓道出了許多家長情緒背後的糾結。很多時候，在教養當中的願意與付出，並不是甘之如飴，而是因為「愛」。然而愛並不總是無條件的，愛是以無止境的擔心作為代價，在心中不斷地糾結自己。當我們能夠體察與看見這點，於是開始能夠在這段關係當中安置自己。

同時，我們也從瑞君老師的書中，看見許多理解孩子的面向，並且令人莞爾，像是書中提到教你如何分辨「中二病」，當你在看著孩子這個階段令人搖頭又疑惑的行徑時，有了理解的頓悟，好在瑞君老師也提到，中二病只是一個過渡的階段，它會過去，並且進入「高二病」的階段。

說來真巧，我最近才從同仁們口中聽到「高二病」這個名詞，但在輔導經驗中還真看過不少，大家不妨聽聽瑞君老師是如何解釋的，包你豁然開朗又得到共鳴。

書中還有許多相當值得筆記分享的部分，包含如何引導凡事推拖、缺乏自律的青少年，能夠具體執行任務與目標的ＰＤＣＡ法則，以及在網路世界中，我們常常忽略但又非常重要的界線議題，這些都在瑞君老師的書中有著細膩的分享。

身為青少年治療師以及青春期孩子的家長，我在閱讀的過程中獲益良多，內容既貼切又寫實，值得身為父母的你細細品嘗。

這是一本睿智又好讀的家長之書，我由衷和您分享，希望您也能跟我一樣受用。

推薦序

放手，是另一種深情

——前桃園捷運公司董事長、台北大學副教授　**劉坤億**　博士

很高興瑞君再度出版新書，隨著她的兩個兒子的成長，這回她要跟我們分享父母如何陪伴和包容青春期的孩子。

我們都曾經度過青春期，如今隨著孩子的成長，父母也跟著孩子重新經歷青春期或大或小的風暴，只是角色翻轉，我們是青春期孩子的父母，挑戰卻不會少於青春期的孩子，經常一個不小心，沒能處理好這個階段的親子關係，往往得花許多年的時間來修復。瑞君這本新書的出版，藉由她自身的經驗分享，可以提供給青春期父母有用且珍貴的指引。

很榮幸在這本新書付梓前，可以先睹為快，對於瑞君流暢又帶有溫度的文筆，相當熟悉，閱讀時彷彿春風迎面，讓人舒心。

瑞君是一位很用心的母親，也是一位用功的作者，面對孩子進入青春期的生理及心理變化，她會查找閱讀各類專業書籍，深入了解孩子行為改變的內在因素，藉由這些專業知識和自己的慧根，妥適處理孩子的情緒，並與孩子建立信任和親密的關係。讓我驚豔的是，她竟然能將品質管理的PDCA循環檢核（Deming Wheel），應用在培養孩子的生活實踐和學習能力上，且從她書中的分享得知效果很好，原來管理學也可以運用在孩子的教養上！

瑞君也是一位深情的母親，書中的各個篇章，處處可見她對孩子的眷顧和眷戀，儘管理性要她必須對孩子鬆手，乃至放手，她也給予讀者如是明確的建議；然而，從書中的字裡行間，仍可察覺她那種鬆手瞬間的揪心與放手後的牽掛，這不就是天下父母心？即使是負有指引讀者責任的作者，亦然。前一段時間，瑞君曾跟我討論如何協助孩子面對「重大」挫折？我實在不是這方面的專家，只能提醒她，孩子終將獨立面對世界，父母如果對孩子的挫折過於敏感，甚或自責，反而可能造成孩子的壓力和心理負擔。

或許由於男性和女性的先天差異，父親和母親在教養孩子的態度和方式，可能也有差別；一般而言，母親總是希望將孩子留在安全的港灣，父親則期待孩子能夠懷抱勇氣航向大海、探索廣闊的世界。青春期的孩子確實比較容易活在第一人稱的世界裡，他們未必自私，眼裡卻似乎只有自我，期待被肯定、被認同，卻又缺乏足夠的自信，經常患得患失，情緒容易失控，最親密的媽媽往往反而成了孩子的出氣筒；更甚者，媽媽愈關心孩子，和孩子的衝突就愈大。在這個時候，平常在家裡角色分量不多的父親，也許可以發揮「無用為大用」的功能；爸爸可以引導青春期的孩子探索外在的世界，火星探測、外星人、費米悖論、時間簡史、俄烏戰爭、台海危機、捍衛戰士、韓團BTS、Hip Hop……所有能夠吸引他們抽離自我的話題，都可以讓青春期的孩子暫時遠離情緒風暴，從而進入邏輯思考和哲學思辨的世界。

爸爸陪伴孩子的時間也許沒有媽媽多，所以要更加珍惜與孩子的相處時光，而媽媽也要提供或製造機會給爸爸，讓爸爸也能陪伴和引導孩子的成長。母親的鬆手、放手，對孩子是另一種支持、另一種深情。很喜歡，也非常認同瑞君在這本書的結語：拉開相處的距離，才能拉近心的距離。對父母親而言，這不僅僅是一種領悟，更要善加實踐。

作者序

給青春期父母的行路指引

如果你的孩子即將進入青春期，我想你一定有所感覺。怎麼以前那個可愛聽話的孩子，會變成眼前這個張牙舞爪的樣子呢？

大兒子祐亨在小五開始對我大聲咆哮時，我一方面嚇壞了，另一方面又極力用理智與口才想要壓過他。交手幾次後覺得自己得吸收更多資訊，於是跑去圖書館大量閱讀，才知道孩子要進入青春期了！

現在孩子的青春期來得真早，大概在十歲就進入青春期。孩子在外表上就像台漂亮的法拉利，逐漸拉長與伸展的身高和曲線，也展示著他們不停成長的實力與潛力。臉上滿滿的膠原蛋白，Q彈且閃著光澤與透亮，是我們怎麼化妝都達不到的麗質天成，真是不得不讓人欣羨年輕真好！但樣貌正好的孩子，卻是台可能不知如何催油前進，也不懂得利用煞車控制的法拉利。

在內心世界，他們正努力掙脫童稚的皮囊，急忙要披上大人的外衣，才發現太大還不合身，又慌張地想躲回童稚裡，卻發現再也擠不進去。既想獨立又捨不得放棄依賴，卻兩頭都落了空，為了證明自己確實存在，只好不停變幻戲法來刷存在感。這種不知所措的狀況，怎麼可能不讓他們常常在內心拉扯與交戰呢？

當青春期孩子的情緒跳躍在火山與冰山之間，一會噴發又一會急凍的，不單是自己累，更是弄得父母又怕又擔心。但這些都只是表象，就本質而言，只是孩子長大了，需要更認識自己與發展自己，真正擺脫對父母的依賴與需索。

在孩子小時候，我們總是無微不至地照顧與保護，恨不得給孩子無毒無害的環境，讓他可以安心又安全地成長。

當孩子日益長大，我們愛孩子的初衷不變，但愛孩子的手段和方法，卻要依著他們的成長需求而調整。

親子之間雖然血濃於水，情感親密又緊密地生活了十幾年，但終究得走著各自的人生路，在孩子的青春期，正是要開始學習與父母分道揚鑣的時候，爸媽只能跟著階段不同做修改與變化。

以前我們以為的青春期是中學階段的十二至十八歲，但現代的孩子營養好，接受的資訊刺激多元，普遍十歲就開始進入情緒上的青春期。而要等到二十五歲左右，腦中掌管理性的前額葉才會完全發育成熟。（我在第三章〈追求刺激是天性，讓孩子安全地冒險〉中會有詳細的說明。）還不夠成熟的大腦，常常被暴衝的情緒所主導，這種「兒童以上、成人未滿」的階段，有時候會像是變了另一個人似的有荒誕的演出。因為他們有強烈的舞台感，卻分不清在前台和後台，自己要有不同的演出與規範。例如之前曾有報導提到兩位高中生在大賣場對著貨架小便，這種脫序的行為除了醉漢或是精神失常，大概也只有類似處於精神異常狀態的青春期孩子才會做得出來。但就算真的異想天開，也應該要知道不能做而不去做，這就是要懂得預想後果而踩煞車。每一個人的想法感受都可以如天邊的雲彩自由變化而不受控制，但是行為卻一定要學會自我約束和控制。

孩子在家，要知道跟家人互助合作。在外面，他的言行舉止都代表著他所受的教養與個人風格，他要為自己的行為負起責任與建構安全界線，而不是「只要我喜歡有什麼不可以」的任性與無知。關於孩子與家人一起相處的時間與事項，可以進行下面三種的分類協商：

第一類：法律禁止的事，孩子必須遵守。

比方說，沒有駕照，就不能騎機車、開車，因為這是很多青少年會跟父母「盧」的事。而有些爸媽就真的讓孩子無照駕駛，結果不幸出車禍，這到底是誰的錯呢？只要是違法的事就是越界，沒有商量的餘地。

父母的界限愈模糊，孩子吵鬧的本事往往就愈大。心軟不一定是愛，有時候會變成傷害，不要因為一時的錯愛而妨礙孩子的成長。

第二類：關於孩子自己的事，親子可以討論。

比方說孩子的志趣發展、衣著打扮等，這個應該讓孩子在充分探索與自我了解下做選擇。不是聽從父母的安排才是好孩子，而是在父母提供分析與建議後，可以自己做最後的選擇並且負起責任。這樣的孩子，未來也能長成理想的大人。

第三類：家人間會相互影響的事，要彼此協商。

比方說家族聚會、用餐時間與飲食內容、睡覺與門禁時間、家裡有訪客等，這些事項都會對家人造成一定的影響。父母跟青春期的孩子要彼此商討，尊重不同的差異與需求，不要造成互相妨礙或干擾。

我們家的老大祐亨和弟弟竑勳都是從小五開始進入情緒青春期，會在言語行為上衝撞、試探。我從最初的驚慌與迷惘，慢慢進步到藉由交談、引導，甚至是冷靜與等待，讓他們學習做選擇與負起責任。現在兩個孩子已分別是高三、高一，他們已經學會了為自己的未來催油，也明白家人情感親密卻也需要界線，懂得適時為自己的情緒踩煞車。我們陪著他們鬥智、比愛、比耐心，甚至秀幼稚，都讓他們擴展了自己收放情緒和處理事情的能力。雖然偶爾的衝突在所難免，但衝突往往只是一個訊號，告訴我們有哪裡不對勁，能提醒我們需要注意，需要溝通或協商，讓彼此進入新的動態平衡。

孩子進入青春期，父母固然要面對強大的挑戰與考驗，但在這個階段，父母也終於可以卸下無微不至照顧孩子的壓力，慢慢退居孩子人生的幕後，再度關心自己人生的夢想清單，把眼光與心思多留一些給自己和伴侶。只要適時表達對孩子的關心與監督，同時把家庭生活經營好，也是給孩子做良好的示範。

青春期的孩子不必然叛逆，因為每個孩子都有耐人尋味的表情，他們挖掘著自己的想法與夢想，等待著時機被解讀與破譯。他們只是需要有人陪伴、有人懂，有人可以帶領他們探索自己、證明自己，這個人可能是朋友、是同學、是師長，或是其他的大人，但身為青春期孩子的父母，如果有你的理解與包容，陪伴與賞識，愛與尊重，信任與祝福，對孩子來說，就是最大的肯定與支持。

跟青春期的孩子保持剛剛好的距離，才可以用欣賞的眼光，看孩子發揮與發揚自己。父母的放心與放手，能成就孩子、成全彼此，去發展與經營好各自的人生。

謝謝每一個與我交遇的學生和孩子，他們的互動或成長故事是豐富我生命的元素。謝謝兩個穩健成長的兒子，給我為人母親的機會，讓我學習更有智慧與彈性，變成更好的自己。謝謝先生辛勤的工作與適時的支援，讓我們的家庭生活安穩與牢靠。謝謝時報出版的主編香君，陪我編寫這本愛的小書。更謝謝你翻起這本書閱讀，讓我們一起鼓勵青春期的孩子，在人生道路上為豐富生命而前進。

每一天的人生，都是為了要經歷美好與解決問題而活，活出精采又享受的生命歷程。

謹以本書，獻給天上的父母，謝謝爸媽給我的愛與信任，讓我可以持續傳遞這份良善的心念與祝福。

第一章

易怒、叛逆、難溝通……孩子，你到底怎麼了？

活在第一人稱的世界裡——
從自我探索的角度，解密青少年的自私

當「我」排擠掉「我們」，讓孩子像個自私鬼時，
只是孩子進入青春期的訊號，是生命發展階段的剛好。
父母回不去孩子的天真，只能陪著孩子向成熟前進。
當孩子走穩唯我獨尊階段，才可以發展與他人互惠共好的生命歷程。

當那個滿嘴說著：「媽媽你聽！」「媽媽你看！」「媽媽我跟你說喔！」的孩子改口成了「你不要再說了！我不想聽！」「你很囉嗦！」「你很煩耶！」或是對你的詢問要答不答、愛理不理的時候，你不用懷疑孩子是不是被別人調包了，孩子只是來到了情緒上的青春期。

受各方面因素的加總影響，現在的孩子不分男女，大概到十歲的時候，都進入了情緒上的青春期。那時正是小學中高年級的銜接，孩子在課業上的難度加重與變廣，情緒上的紛亂又常常不受控制與分辨，在這樣內外夾攻的壓力之下，孩子的辛苦可想而知。

而現在的人又普遍晚婚、晚生，三、四十歲才當父母，當孩子的青春期剛好撞上父母的更年期，雙方都是刺蝟的狀態，親子的心情都很容易就受傷。要如何擁抱彼此呢？

我們無法拉近世代的鴻溝，每一個世代也都有不同的樣貌，但天下的青春期孩子卻有一樣的困惑與困境，因為人對情感需求與對自我探索的本質都相似。每個人都想知道自己是誰，都想證明自己是誰；他們都想被愛，也都想去愛人。青春期孩子都覺得自己是世界上偉大的存在，卻也都自卑於自己的無能和渺小。他們既想吸引眾人的目光，卻又害怕變成大家的焦點。覺得世界好像沒有我不可，卻也發現世界也好像可以沒有我，甚至以為「我」消失了，世界也不會哭泣。

這些思想上的掙扎與矛盾，跳脫與狂妄，都在每一個青春期孩子的胸臆中翻滾與對話，進行拉扯與拔河，因為心緒不平，常讓他們的行為脫序演出。

不是父母不懂這樣的過渡與必然階段，而是父母已經過了做夢與想像天馬行空的年紀；不是父母不知道孩子的困惑和小心思，只是父母希望能幫他們少走冤枉路，青春期的孩子卻不想把父母的人生直接複製貼上。

孩子在青春期階段，就是要把「我」完整地從親子混淆的「我們」中發展與解離出來，活出自己的樣子，走出自己的道路。

這個世界上所有的愛都以聚合為最終目的，只有一種愛以分離為目的，那就是父母對孩子的愛。當孩子從母親的子宮平安地分娩而出，那是形體上的脫離，他開始練習經由自己呼吸和飲食等維生的必要本領。當孩子進入青春期，他發現並發展出身心靈都想獨立於父母之外的需求，父母也不需要再像以前那樣無微不至地照顧孩子，而是要跟孩子劃分界線，練習分道揚鑣，這是孩子在精神上脫離對父母的依賴與依附。

面對青春期身心發展都面臨不變的孩子，父母要學會如何接招，常常自我提醒孩子現在正面對下面的三種狀況：

狀況一：理性腦發育還不成熟，眼裡只有自己。

因為掌管理性的前額葉還在慢慢發育，所以孩子可能會出現少一根筋或是缺一點腦而看不到別人需求的自私鬼現象，猶如活在第一人稱的世界裡，這需要父母的善意包容和提醒。在孩子情緒平和的時候，可以藉由聊天談話告訴他們。當孩子在感性氾濫時，也要耐心引導他們學會慢慢用理性表達，才不會一直困在被情緒控制的世界。

狀況二：在自我認同與角色混淆中要定位自己。

當孩子開始從父母建構的世界探出頭去，他更在乎外界和同儕對他的評價與認知。孩子害怕別人不喜歡他，排擠他，這時候朋友與同學的認同，甚至比父母還重要。平常可以多跟孩子聊聊在學校的情形，讓他帶同學回家玩，借機了解平常相處的同學們。

讓孩子分辨自己跟父母，自己跟同學朋友都是不一樣的個體，要有勇敢做自己的道德勇氣，不被情緒勒索或綁架，這需要事前的思想準備和行為練習。例如有些朋友會慫恿孩子偷竊，還鼓譟說不敢偷是膽小的行為，如果孩子的法律知識不足，道德感不重卻又激不得時，就可能會懵懵懂懂地犯法行竊。

我們大人不會去幫別人頂罪，但重義氣的青少年卻會，為什麼呢？因為這個階段的孩子特別在乎歸屬感。而父母的愛與信任會讓孩子在家有歸屬感，這樣他才有底氣，在同儕團體中能做明辨是非善惡的自己。

狀況三：青春期孩子的舞台感很重，卻還分不清前台、後台的不同。

心理學家艾爾楷（Elkind）認為青少年在以自我為中心時，會有一群「想像的觀眾」，因為他們每天膨脹的自我意識，會讓他們以為自己總是別人注視的焦點。就像我們女生在青春期時，很在乎自己的頭髮，連瀏海稍微剪得短了一點都會覺得醜死了，彷彿是天要塌下來了似的世界末日，但別人卻可能根本沒注意到你剪了瀏海。

這些想像的觀眾，會讓孩子分不出人生是在舞台的前台還是後台而造成混淆，也搞不清楚其實這只是自己的想像力在演出。還好這種情況，大概到十五、六歲就會慢慢結束。像哥哥在讀高一時，就會覺得讀國二的弟弟舞台感很重，還很愛刷存在感。弟弟在準備月考時，都可以把讀書複習功課搞得像是在開搖滾演唱會，一邊大聲唱歌加身軀扭動，一邊看書寫題目，讓哥哥問弟弟怎麼這麼嗨。他只好關起自己的房門，隔絕住隔壁書房的搖滾青春。

在舞台感還很重的國中階段，家裡也常常會有瓊瑤劇或戰爭戲上演，父母請留心保住小命，隨時安排退場機制。

老大祐亨從小五開始，對我出現言語上的挑釁，但到了高二他可以平靜地對我說：「媽媽，我知道你們很愛我，我也感受得到滿滿的愛。但我現在就是一個自私的人，凡事都會先想到自己。」

看著他說這話時稜角分明的年輕臉龐綴飾著一雙閃現自信的眼睛，就像是兩顆發亮的寶石。我聽了非但沒有生氣，反而很慶幸這些年他努力地了解與探索自己，不再像是剛進入青春期時的迷惘和叛逆。

我告訴他：「以這個階段來說，這樣的想法與焦點是對的。媽媽在青春期的時候，就是沒有好好了解自己，常常跟自己鬧彆扭，才會搞到『樂隊被解散』，連畢業旅行都不參加，硬是把彩色的青春走成黑白。」

回想我的青春期，既不刺激也不冒險，連青春痘都不曾在我的臉上出現。我從未跟父母大小聲，也沒有曠課作弊的經驗。我最大的叛逆，就是拒絕。拒絕在樂隊繼續吹豎笛、拒絕當攝影社模特兒的邀約，拒絕所有追求者的示好。一再的拒絕，硬是把熱鬧的青春，拒絕成了孤寂的島嶼。

我曾跟孩子們分享過，我曾在高一被選入樂隊擔任指揮，當時因為有好朋友退出樂隊，我也想與她同進退。但那朋友說我是指揮，不可能退出，為了向她證明我做得到，我先告訴班導我的意向，接著寫了一封文情並茂的信給管理樂隊的訓導主任。在經過和三位師長的辯論後，主任要我親自告知教練。

結果，教練在我退出後不到一週辭職，沒幾天樂隊也解散了。這個發展是我始料未及的，我覺得我的自私讓老師與同學遭受莫名的牽連，因此高中三年的心情總是在懊悔中反覆折磨自己。

當時因為父母分居使我和手足分住兩地，我不想讓父母擔心，也沒有機會向手足傾訴，更不願意向同學吐露家裡或自己的私密心事，只有自己默默承受不堪負荷的重量。連畢業旅行都因為不想讓已經退休的父親花錢，所以沒有參加。那時我真像一顆自我封閉的蛤蠣。

還好現在在陪著孩子經歷青春期的這段歲月中，我學會了抽離與欣賞，拉出一點距離觀察孩子，讓偶爾想干預的母性先冷靜，同時也會有能力回過頭秀秀當初在青春期時孤寂與冷傲的自己，跟自己和解，把能量不再耗損於自我對抗，也學會用正確和健康的方式來愛與善待自己。

以前跟孩子們分享我的青春時代，他們只像是在聽故事。但到了高中的祐亨，卻可以感受到媽媽年少時一股自私想證明自己的衝動，和學校師長對我的尊重與包容，他開始懂得帶著更多的覺知與覺察，走穩自己的成長路。

在青春期階段，常常出現父母看孩子不順眼，孩子看父母也很討厭的情況，因為孩子的大腦，已經發育到要尋求獨立的進程，他在生理和心理上都需要和父母切割，要去外面開創自己的世界。等到日後腦部發展成熟，孩子又會回過頭發現父母的美麗。我們不是也正經歷獨立後又回頭撐住父母老後的階段嗎？

所以，青春期的自私表現，只是一個成長的歷程，那是想證明自己與宣示自己擁有主權的歲月，只要父母用欣賞的角度觀察，用善意的方式提醒，孩子還是會注意到別人的需求。

藉由跟孩子聊自己青春期時遇到的事情和想法，不但能拉近兩代的差異和溝通距離，孩子也會學習表達自己，並認識更多面向的父母。看起來是我們在教養孩子，其實我們是回過頭照顧童年時還不懂事的自己。

陪著孩子成長的路上，往自己走過的生命歷程回望，不但讓孩子進行更深度的自我探索與發展，往往也療癒與修復自己過往歲月裡的傷痕或不美麗。

讓孩子長成自己的樣子，而不是父母期望的樣子

會讓孩子對自身角色感到混淆的人，往往是干涉過度與讓「愛」越了界的父母。

父母走過的路，不一定是孩子會遇上的風景。但孩子跟父母一樣，都是每一個不同的「我」，都渴望被理解與接受，都希望被肯定與認同。

協助孩子發展成獨一無二的自己，勝過成為千篇一律的複製人。

迷打扮、愛健身，引導孩子從外表到內在的自我追尋

每天幫孩子增加一點對自我價值的正向認同，會幫助他相信與肯定自己。賞識孩子對維持外在的努力與用心，也會增強他的自信和責任感。讓孩子學習做自己的主人，逐步達到內外兼修，和諧與善美成自己喜歡的模樣。

青春期的孩子，是內外身心都不穩定的能量場，需要父母更多的支持與鼓勵，還有善意。

老大祐亨在國一時開啟了一種生活模式，每天早晨起床的第一件事是洗澡，不分寒

暑。雖然前一夜他是洗好澡才睡覺，但早晨醒來他非得洗完澡才去上學，即便到高中要出門趕火車，他寧願更早起床洗完澡才出門，這是他對打理自己的堅持。

老二竑勳在國一時也開啟了一種生活模式，他開始自主鍛鍊身體。每天輪流做仰臥起坐、伏地起身、深蹲等不同運動，硬是把原本瘦可見骨的身軀，練出了一塊又一塊的腹肌。

孩子到了青春期，真的會開始進行對自我認知的追尋與探索，不管是外在還是內在。你家孩子是不是待在浴室的時間愈來愈長？或是常常照鏡子，把鏡子都要看破了？

在青春期時，孩子開始把自己放在中心考量。我是誰？我要到哪裡去？我人生的價值是什麼？我要追尋的又是什麼？如果父母可以放手讓孩子做自己，陪著孩子完成對自我生命的叩問與探索，孩子就可以慢慢完成對自我的認知與生命的統整。相反地，如果父母還是一再介入孩子的生活，或是依然控制與操縱孩子的一切，孩子在自我角色上就可能會產生混淆，因為他不知道可以對自己的生命與生活做什麼。當他不想跟著父母的規畫走時，不是反抗就是逃離。

當孩子在青春期開始特別注重外表時，不要太驚訝，更不要排斥這種行為。因為他不光是介意自己外表的樣貌，他更在乎內心世界的自己是誰，可以培養出什麼能力。只是外表的改變，孩子與父母都看得到，但內心的需求和分辨，孩子卻不一定說得清楚，想得明白。這時候父母更需要多鼓勵孩子進行對生命的探索與嘗試，讓孩子可以更了解自己的內心深處與需求。

祐亨在國二時開始想選擇除了運動服飾外的衣物，我問他：「現在開始在乎打扮了？」他說：「媽媽，我也應該開始在乎打扮啊！」他說的的確也沒錯。適宜的穿著打扮就像是一種形象與禮貌，而禮貌，是人際交往的潤滑劑與通行證，父母可以陪著孩子建立良好而有自信的自我形象。

青春期的孩子想擺脫對父母的依戀與依附，卻還沒有足夠成熟的智慧與經濟能力滿足自己的需求，難免會因為對自己的不滿意而發洩成對父母的不滿意。就像有些父母對孩子的不信任，往往是對自己教養能力不信任的投射，這些都需要父母引領著孩子去體認、感受、分辨與釐清。

祐亨在國三上學期的一次模擬考中，考了四個A，十個+，他為了給自己警惕要去剃光頭，我問他：「天氣這麼冷，你真的要剃嗎？」他說：「真的！同學會陪我去。」

當寒冷的冬夜孩子頂著光頭再度出現在我的眼前，那熟悉的光頭形象，閃亮出我記憶中他的樣貌，讓我像是看到出生二十四天時，他的外婆，也就是我的媽媽幫他剃胎毛的樣子。

孩子出生二十四天第一次剃光頭，是藉由這個儀式讓父母知道，孩子要告別以前利用母親的胎盤來吸收營養與排除廢物，現在起他要靠自己的身體來進食與排出廢物。那時的孩子沒有表達同意或反對的能力，他只能接受父母的安排與照顧。

現在孩子第二次剃光頭，我沒有同意或反對的權利，因為孩子的身體是他自己的，他有權利主張與更動。只要他不傷害自己且能照顧好自己，對於孩子的外表打理，父母為什麼要有太多的干涉與控制呢？當孩子有完整的身體自主權，他才會珍惜與重視這個完全由他支配與照顧的身體，為身體負起責任。

在高一時，祐亨跟我說他要去燙頭髮，雖然我內心哎喲哎喲地叫，但我想著，孩子想要去燙頭髮，並沒有違反法律或校規。於是我先忍住直接反對的衝動，詢問他真正的想法和意圖：「真的要現在去燙頭髮嗎？不會覺得以你的年紀來說還太早嗎？」

他說：「媽媽，這是我的頭髮啊！我就是現在想要去燙！」

我說：「你可以想去燙頭髮，但可以跟我說你為什麼會想要燙頭髮嗎？」

他說：「因為剪頭髮的時候，理髮師說我的頭髮不夠多，燙頭髮可以讓髮量看起來多一點。我想試看看燙頭髮，我也知道燙頭髮會對髮質造成影響。我只是想先試一次看看效果如何，也不會一直想燙頭髮的。」

我沒有急著反對孩子燙髮的想法，才可以聽到原來是理髮師的建議影響孩子的內心。青春期的孩子會受外界的影響而左右自己，如果父母只是用反對來回應，這樣做不是把他往外推，而且還不能了解他真實的心意嗎？

知道了孩子的想法，還有燙頭髮費用的問題。我問他：「那燙頭髮的費用要如何支付呢？」

他說：「我問過理髮師，燙頭髮一次一千元，媽媽妳可以幫我出一半的費用嗎？」

我同意了。

孩子在燙完頭髮後，真的覺得自己的頭髮看起來變多了。但他也知道燙頭髮難免會對髮質造成影響，所以他也有認真地觀察與保養頭髮。

直到隔了一年左右，他才進行第二次的燙髮，因為他想讓頭髮厚實一點。

青春期的孩子，真的很喜歡在外表上做改變，這有時像是一種「成長的宣示」，如我難得能去參加弟弟竑動的國中畢業典禮（因為防疫的緣故，每班只能有一位家長參加，還有些學校只有線上畢業典禮）時發現，班上有幾個男生跑去燙頭髮，他們就只是想「宣示自己長大了」，因為國中禁止燙頭髮，但他們卻在畢業典禮上頂著燙髮，代表提早迎接更自由的高中時代。

有時把外表做改變，像是進行一種「儀式」，如哥哥祐亨在升高三暑輔的第一天去剃了一個漸層次的平光頭，這是他們明星高中要宣示好好拚學測的傳統，透過這種剃平光頭的儀式感，告訴自己進入拚成績的備戰狀態。這樣青春的宣示和儀式感，不也是在美麗中，散發著淡淡的自信和期許嗎？

父母不要花時間去盯著孩子的外表瞧，而要尊重孩子對外在的打理。如果這些打扮需要花費額外的金錢時，要詢問孩子費用的來源，是他自己存零用錢來支付，還是需要父母的贊助。

當孩子用著自己能力所不及的外來物品時，這是一個危險的訊號，父母千萬不能有鴕鳥心態置之不理。因為單純卻愛慕虛榮的青少年，為了追求外表的光鮮亮麗，很可能變成他人設計與利用的對象，成為詐騙集團的車手，甚至淪為人肉市場的援交成員，只因為他想用錢來滿足自己對外在的需求。

雖然孩子的身體是他自己的，不過對外表的自主，我也不是全部都說ＯＫ。我跟孩子討論過，只要是侵入式的改變，例如在身上穿洞或是刺青等，在孩子未成年前還是不可以。因為這關乎到健康與風險控管，而我們是孩子的監護人，要讓孩子知道自己的底線與原則。

當孩子把心思花在打扮外形上，這只是一種追尋可以自己作主的開始。如果父母可以尊重與賞識，孩子就不需要一直在外形上測試父母的界線而尋求認同與支持。此外，只要親子之間有互相傾聽與對話，孩子能感受到父母的信任與尊重，這樣他也可以把心力花費在探索自己的內心世界，常常想想自己的人生目標與該如何努力與前進。

就像竑勳在國中時照著鏡子跟我說：「媽媽，我常常看著鏡子會想自己到底是誰，為什麼會長這個樣子。」

我說：「對啊！這是正常的疑問與想法。我在青春期的時候，也常常會這樣自問自答。那你還有什麼想法呢？」

他說：「我還會想，現在的我跟昨天的我一樣嗎？生物不是學到細胞會死亡也會再生，我們每天都在變化，那我就不是我啦？」

我說：「對啊！這就變成哲學上的思考了！我為什麼是我？過去的我和現在的我，是不是同一個我呢？想這些問題很有趣吧？」

也許正為生活忙碌的你，會覺得青春期的孩子浪費時間去想這些形而上的問題不切實際，還不如抓緊時間多去做幾道練習題。當父母用自己現在的生命課題與經驗去要求孩子聽話照做，就會出現溝通的障礙、不理解的衝突，而拉遠代溝。

我跟孩子們就常常會進行這樣的對話與問答，聊著說著就在歡笑聲中結束話題去做各自的事。

青春期的孩子都想知道自己是誰，想變成怎樣的人，看鏡子迷打扮只是比較容易看出變化，如果他在內心也可以多問多想，每天都吃飽、睡飽、把功課寫好、把自己照顧好，慢慢地，他們就會愈來愈了解自己，也愈來愈喜歡自己的樣子。

如果你的孩子花太多心思在外表上，不要擔心，也許他就是有打扮自己的能力，把這個能力變成一種強項來幫助別人，說不定也可以成為他未來的競爭力。重要的是，孩子需要父母看見他的優點與特色，而非總是感受到父母疑惑和不信任的目光，這樣孩子也只能懷疑自己或衝撞父母，是很可惜的能量耗損。

父母可以當青青期孩子的墊腳石和顧問，而不是當孩子的障礙和敵人。

讓孩子內外一致，先從接受孩子開始

孩子總是會追求外表可以自主的改變，因為這件事比較容易達成。我們只要不要太大驚小怪地反對，就有機會引領孩子往自己的內心世界多去探索與問答。

帶孩子多觀察自己的強項和優點，讓孩子在發揮與驗證自己想法的過程中，隨著成長而愈有能力與自信，才可以從表象到抽象的自我追尋中，逐步建構出孩子自己的樣貌與內涵。

半夜睡不著，早上起不了，夜行性青少年如何調整睡眠？

陪孩子重新建立規律的睡眠習慣很重要，如果平常太晚睡，在假期時就讓孩子多睡一點，千萬別讓睡眠債，變成日後憂鬱症的病根。

如果說美麗的夜晚要徵求管轄員，那正在急速發育的青少年，無疑是最適合這份靜謐工作的不二人選。

由於體內荷爾蒙的改變，讓青少年的褪黑激素分泌得比較晚，如果你還要孩子像小時候一樣八、九點就睡覺，那是不可能的任務。

當老大祐亨進入國中，我們家的睡覺時間就從九點半改成十點半，到現在也一直維持著。雖然他們不一定做得到，但目前沒辦法延後上學，還是要盡量讓孩子可以有充足的睡眠。

儘管青少年的晝夜節律比較符合「晚睡晚起」，但國中高中的上學時間都很早。高中可能還因為離校遠，要更早起床搭車上學。孩子真的沒有天天熬夜到一、兩點才睡的本錢，這需要父母適時地提供協助。

根據美國睡眠醫學會的建議，青少年還需要八到十個小時的睡眠。

以我們家的兒子為例，高中的哥哥十點半睡覺，六點起床，只睡了七個半小時，所以有時候他晚上覺得累、想睡，會跟我說他要先睡一會，等一下再叫他起來。因為每天早上他要趕火車，火車到站後又要奔走到學校，每天的走路步數很多，一個學期之後，他終於決定要搭校車，因為可以在校車上補眠。

讀國三的弟弟是十點半睡覺，六點半起床。他的睡眠時間乍看還算壓線符合需求。實際上他常常超過時間上床，需要我的叮嚀。特別是升上國三後，有時熬夜到一、兩點才入睡，隔天早上我都會晚一點才叫他起床。

足夠的睡眠對正在發育中的孩子很重要，在這件事上面父母有幾點是可以提供協助的：

一、**建立新的生理時鐘，養成規律的作息**。

只要從小養成規律的作息，當孩子到了比較適合晚睡晚起的青少年階段，也只是把睡覺時間往後延一、兩個小時，而不是放任孩子天天熬夜做自己。

當青春期的孩子突然發現自己晚上更有精神，往往會刻意忽視自己其實也已經累了一天，還是愛熬夜，結果造成身心透支。父母真的要從旁陪伴協助孩子，養成新的生活規律，當孩子的生理時鐘重新建立好，就會有新的平衡。

二、**鼓勵孩子做運動、曬太陽**。

每天都埋頭讀書的青少年用腦過度，需要用運動讓身體強健與疲累，達到身心和諧後，才可以有好的睡眠。像我兩個兒子放學回家，有時候會抓住還沒有吃晚餐的空檔，先去籃球場運動，發洩一下體力。

因為防疫停課不停學的時期，大家都被關在家裡用網路遠距上班上課，沒有外出活動。孩子在白天只「勞心」學習，沒有外出運動，整個人不但顯得沒有精神，也影響睡眠狀況。後來他們想到可以在家做跳繩等運動，總算讓身體有適當運動，讓夜晚的睡眠更安穩。

為了改善睡眠障礙等問題，醫學界有光照治療的方法，但對青少年來說，最好的光照就是陽光。常鼓勵孩子從事戶外運動曬太陽，白天讓孩子多用腦學習與用身體運動，晚上才可以「身心俱疲」地好好睡上一覺。

三、減少不必要的網路社交。

青春期的孩子很在乎同儕之間的情誼與認同，晚上可能花了太多時間在叮叮咚咚地傳訊息和聊天，這需要跟孩子好好溝通。

減少不必要又沒有意義的網路社交，更要關心孩子是否結交在現實世界中不認識的網友。適時詢問與關心孩子的數位足跡，才可以防範孩子誤入數位陷阱和浪費太多時間。

另外，睡前盡量避免3C產品藍光的刺激，才不會讓孩子明明很累卻又興奮得無法成眠。這對身心是嚴重的耗損。

四、先完成燒腦耗時的作業。

當孩子放學回家吃過晚餐要寫作業時，可以先讓孩子規畫一下今天的作業流程，先完成比較燒腦耗時的作業或試卷。偶爾留一些輕鬆不燒腦的作業，在隔天早上再寫或複習也可以。

人體是很精密的生物體，只要養成規律的作息，讓孩子在週間盡量有足夠的睡眠，即便到了週末，孩子偶爾想熬夜一下或賴床補眠，其實不會造成太大的影響。

但是如果孩子總是脾氣不好，沒有活動力又不能專心學習，顯得無精打采或是鬱鬱寡歡，甚至動不動就大發脾氣，這可能就是孩子睡眠不足所引起的訊號，務必要幫孩子調整睡眠週期，讓孩子不要累積不堪負荷的睡眠債。

觀察與理解孩子的感受，別讓睡眠導致親子衝突

有一種沒睡飽，是「父母覺得孩子沒睡飽」。

孩子的睡眠到底夠不夠呢？可以透過觀察孩子的精神、情緒和學習狀況來判斷。像我總是擔心弟弟沒睡飽，但他說在學校下課時如果覺得累也會休息一下，而且他的表現一切都正常。

如果孩子懂得照顧自己，父母就不要再嘮叨囉！

爆粗口、說髒話、飆國罵的孩子在想什麼？

當孩子表現好，你會讚美嗎？
當孩子出狀況，你馬上開罵嗎？
讚美鼓勵要及時；想開罵前，卻要戒急用忍！
因為，你可能誤會孩子了，也可能不了解青少年的次文化。

兒子們小時候，我們總是習慣聊天說話，甚至討論嘴巴的作用。有一次我問他們：「媽媽跟你們說過，嘴巴是用來做甚麼的？」他們笑嘻嘻地回：「媽媽說嘴巴是用來吃好吃的東西，和說有用的話。」我說：「說得很棒喔！嘴巴是用來說有用的話，吃好吃的東西的。而且語言有高級的語言和低級的語言，我們不要學低級的語言。有些人會說些不好的話，把自己的氣質弄差了。」

為什麼會跟他們強調嘴巴的作用呢？因為我們家孩子小時候幾乎沒看電視，不會學電視上奇怪的言論。但是當他們陸續進入幼兒園就讀後，有時候難免會聽到別的孩子說一些亂七八糟的話，他們覺得那些話聽起來很奇怪，也不好聽，會跟我討論。

進入小學後，接觸到奇怪與不好聽的話的機會就更多了，我們仍會討論說話的藝術和技巧。只是沒想到兒子進入國中後，有一次我接到一位家長的私訊，大意是說他覺得我兒子在班級群組中講話太粗俗，希望我注意一下。

我很好奇他口中的「我的兒子」，真的跟我認識的「我的兒子」是同一個人嗎？於是，我請兒子借我看一下他們的班級群組對話。

這一看，確實讓我大開眼界。不管是男生，還是女生，其實很多人的對話措辭都很粗俗，但那位媽媽指出的粗俗者，並非我的兒子。我兒子在裡面的用詞還是在正常範圍。

我很客氣地回覆她：「妳說的那位同學是〇〇，並不是我的兒子喔！」她馬上回訊寫著：「抱歉是我弄錯了！我想妳是很有智慧的媽媽，應該會注意兒子的言行舉止，我才覺得奇怪，想跟妳提醒一下。」

如果我沒有先查證，就直接把兒子叫來訓斥一頓，被冤枉的兒子會不會暴跳如雷？發現是自己冤枉兒子的媽媽會不會見笑轉生氣？會不會造成親情大破壞，讓親子都很冤枉？但又有多少父母可以暫時忍住別人對自己孩子質疑的生氣或羞愧，而先小心求證呢？

當孩子進入青春期，面對孩子的事，父母一定要記得，不要急著做「反應」。有時候要先冷靜一下，看要如何去「回應」，才不會變成情緒的傀儡，或是因為誤會而傷害親子關係。

為了側面多了解孩子的交友情形，當孩子說有同學要來家裡玩時，我都會歡迎他們的到來。有時候我會和同學們一起聊聊天、說說話，但大部分的時候，我都會把客廳讓給他們使用，自己到三樓的書房讀書、寫作。

某次有位兒子的同學跟其他同學互動時，左一口粗話、右一口髒話的，聽得我渾身起雞皮疙瘩地很不舒服，好幾次我都想衝下樓去制止他繼續說粗話、髒話，但我想著這樣不是很不給他面子嗎？而且其他同學都沒有跟他一樣飆髒話。

歷經幾回的掙扎與自問自答，我終於找到解方。還好現在社群網路方便，那滿口粗話、髒話的同學是我的臉書朋友，我選擇以「三明治說話法」私下提醒他。

「三明治說話法」顧名思義，就是指把我們要說的話比擬成三明治，上下各有一片吐司包夾住中間最重要的餡料。上下的吐司指的是「肯定或順耳的好話」，可以幫助我們咬下三明治，將麵包一口口吃進去的功能；而中間的餡料，則是最精華、最需要花時間料理及準備的地方，也就是我們要給對方的「建議」。這種把話分成三段的做法，從先肯定對方的角度出發，在中間加入建議或批評，最後面再加上讚賞和期許。大部分的人都可以接受這樣的說話方式。如果用書寫的方式，當然也一樣具有效果。

我在這位同學的私訊上寫著：「晚安！你父母把你生養得很好，高大帥氣。但是，如果你可以不要講髒話和粗話，會更有氣質喔！阿姨相信你做得到。希望你下次來我們家玩的時候，可以記得，講話時不要再穿插髒話和粗話在裡面。你們一群同學，就你長得最高大，大家也很挺你，常常接受你的意見，所以你更該做同學的榜樣，改掉不好的說話習慣或內容，提升自己的層次和質感。加油！阿姨相信你一定可以做到的。」

他回覆我寫道：「好的。謝謝阿姨。」

後來他和其他同學又陸續來我們家玩了好幾次。他在對話中雖然偶爾還是會冒出粗話，但已經沒有說那些會侵犯到女性的髒話。

孩子進入青春期會開始說粗話、髒話，這有一些可能的因素：

一、爭取同儕認同

青少年的朋友圈，如果大家都在講髒話，孩子擔心如果不跟著說會被排擠，就會跟著一起飆髒話。但要讓孩子知道，這樣的相處模式，就只能在他們的團體為之，一旦離開團體與他人互動，就需要有其他的規範。若孩子能分辨兩者的不同，才是真正的長大與自控。

二、想引起關注

有些青少年想引起關注，就會用說髒話來顯示「自己很懂」、「像個大人」。特別是有些父母平常因為忙碌而忽略孩子，當孩子出現問題行為時，才會在乎孩子，這時孩子就特別容易用偏差行為來引起大人的注意。父母要忽略他的偏差行為，不然孩子就會用偏差行為引起父母注意。而且父母要找時間陪伴及關心孩子，彌補以前孩子缺乏的愛與關懷。同時也要多看孩子的優點，讚賞孩子做得好的事情，注意他的正向行為，這樣才不會被孩子用怪異行為控制。

三、挑戰權威

自以為「天大、地大、我最大」的青春期孩子，反映在行為上往往是「天不怕、地不怕，挑戰權威我最爽」。

孩子說髒話，目的可能是為了激怒父母或師長，大人如果回擊，就剛好落入孩子故意設下的圈套。至於他的目的是什麼呢？每個青春期孩子想的可能都不一樣，有些可能就是在測試父母的底線在哪裡，有些可能別有用心、另有所圖。

在這種戲劇張力十足的情況下，父母不要正面回擊，要冷靜地退出衝突，讓他一個人唱獨角戲，他也唱不了多久的。

四、表達強烈的情緒

當憤怒、悲傷、恐懼等情緒太過強烈時，人們可能會選擇用粗話、髒話來表達。

以前我在大學時，有一位教授曾說：「在台灣開車遇上塞車時，我常常會罵髒話。你們可能覺得大學教授說髒話很奇怪，但在開車被塞在車陣裡動彈不得，不說一些髒話來發洩，在狹小的車子裡，真的會讓人瘋掉。」

如果是自己一個人這樣抒發情緒，可能不打緊，但如果有其他對應的人呢？

新婚時我第一次參加社區的所有權人大會。那是個有三百多間房子的社區，開會前在中庭是一片鬧烘烘的景象，但我卻被一個大聲斥責的聲音嚇了一跳。循聲看去，我原先以為是父親在教訓兒子，但仔細聽才發現不是。原來是那個父親的小孩被他身旁的大男孩罵髒話，那位父親在質問那個大男孩憑什麼罵那些髒話，難道父母都沒有好好管教他嗎？

那時我還沒有成為母親，不懂那樣教訓的場面具含的意義。但現在我懂了，這就是自己的孩子如果沒有教好，就會被社會教育。

青春期孩子如果要尋求同儕認同，在他們的小團體中有些說粗話、髒話的次文化流行，父母可以不要太大驚小怪，就讓他們在青少年的私領域中當個偽大人發洩一下。但在平常跟孩子聊天時，還是要提醒孩子注意自己在公開場合的言行舉止，鼓勵他們做到「我不說髒話，我驕傲」，這樣不但可以避免不必要的誤解或糾紛，也不會衍生出其他的危險或傷害。

特別是在社群聯繫發達的現代，一定要提醒孩子注意自己的遣詞用字，以免失禮傷人，甚至誤觸法律。

淡定路過青少年的偽大人趴

青少年的行為舉止，往往充斥著急著想長大的訊息。在他們小團體的對話中，加入髒、黃、嗆等用語是司空見慣的。

父母不需要當誤入叢林裡的小白兔，過度驚慌和恐懼。如果不小心路過，就當一片雲吧！輕輕地飄過就好。

學習跟暴走情緒相處的情商課

父母不要太心急，急著想幫孩子解決青春期面對的成長問題，
或是消除情緒劇烈震盪所帶來的衝擊，
這些都是孩子在成長過程中，
自己要練習去覺察與轉換的能量。

處理孩子的情緒，比處理自己的情緒，還要辛苦上好幾倍。不但急不得，反而需要更多的同理與溫柔陪伴，最重要的是，耐心等待。

一如在暗夜中，等待黎明衝破黑的禁錮。不管你的心有多急迫，那光，時間不到，就是不亮；亦如在雨季中，等待著天晴來結束雨的圍困，不管你的心有多困擾，那雨，雲團未散，就是不停。

等待之必要，溫柔之必要，面對青春期的孩子，需要更多的耐心與包容。

當孩子的情緒困頓在風暴中，道理說的愈多，他的自衛心態就愈強，理性判斷也更形低落。說教不但會讓你徒勞無功，反而身陷其中，這時親子需要的是，讓彼此冷靜。

弟弟竑勳進入小學五年級後，突然多了一張臉。原本笑容可掬的小臉蛋，被青春期的情緒魔法，教會了變臉。既不用上彩妝，也不用戴上面具，只要頻率錯亂，立馬可以變成地獄派出的魔鬼，張牙舞爪，極盡酸言惡語。

過招了幾回，我的心真的很疼。倒不是被弟弟的不理性言語說疼的，而是看著那麼可愛的孩子，被憤怒的情緒操弄成這樣，幾乎失去了原來的本質與特性，讓我的心，在使不上力、幫不上忙的無助中，隱隱作痛。

為了幫助弟弟可以快速一點從情緒風暴中安然撤退，私底下，我跟哥哥聊天尋求幫助：「哥哥，當弟弟情緒失控時，對他友善一點，溫柔一點，不要再激怒他！」

哥哥說：「我沒有再激怒他，我只是覺得很好笑！」

我說：「有時就是因為他已經在發脾氣時，你還在笑，才讓他更生氣啊！」

哥哥說：「因為真的很好笑啊！」

我說：「哥哥，當一個人被憤怒的情緒操控綁架時，我們不應該笑他，應該要同情他，包容他，可憐他。你想想，如果你暴跳如雷時，旁邊的人卻在笑，好像把你當成小丑來看待，你的心情會如何？」

哥哥說：「我可能會覺得自己也很好笑，或是會覺得對方很可惡，很想揍他！」

當自己處在憤怒中，對方卻在笑，你的感覺會如何呢？可能會更生氣地想揍對方？或是突然也覺得自己很好笑？前者，是基於自衛的防禦心態，屬於本能。而後者，是基於社會化後，練習處理情緒過後，學習轉念後的思考路徑。

情緒，是需要透過學習來練習處理的。如果依靠本能來處理情緒，往往自傷，並且傷人。**但是學習需要時間與觀察別人面對情緒時的反應，所以家人之間要彼此包容與支援，不要再激怒情緒不穩的家人。**

慈悲以對，對大家都好。

我跟哥哥說：「哥哥你很棒，當你憤怒時，看見旁邊的人在笑，你有可能也會覺得自己很好笑，這是因為你懂得轉念了，也知道自己繼續被憤怒控制不好。但是，弟弟畢竟年紀還小，還要學習如何轉換憤怒的情緒，我們要幫助他。以前，你生氣時，爸爸在旁邊笑，你也會更生氣地說爸爸在笑你，所以我私底下跟爸爸說過，不可以這樣笑你，這樣會更傷你的心。你會覺得爸爸是故意在欺負你，對不對？」

他說：「對啊！那時我真的覺得爸爸是故意在欺負我。」

男性在成長的歷程中，情緒往往是被壓抑的，要靠他們來神救援嗎？媽媽們只能在私底下拜託先生，在孩子情緒失控時，不要再火上加油。提著油去救火，只會讓火勢失去控制。

經過幾次跟哥哥的私下對談，和在弟弟情緒平緩地聊天中分享情緒的轉換，有一段時間，弟弟在憤怒時，已經可以比較快速地度過。

但是「天有不測風雲」，某夜因為遲睡，大家在身體疲憊不堪，精神卻異常亢奮下，弟弟又被激怒。他開始語無倫次，瘋言惡語地罵我們，甚至說我們聯合起來欺負他。天可明鑒，我跟哥哥多想幫他轉換憤怒的情緒，但他自己轉換了，他轉成委屈和傷心，愈說愈哭愈傷心，心也碎了一地的我，決定不再口語勸說。就讓夜的黑，先包容彼此的委屈，讓夢，療癒各自的傷痕，真是，此時無聲勝有聲。

經過一夜睡眠的休復，大家早上的情緒都不錯，更加深了平常的堅定信念，千萬不要輕易打亂平常穩定的作息，否則情緒會很容易失控的。而當有一方失控時，還是不要企圖做任何的救贖或幫助，先保持沉默，鬧情緒的人，自己可以有能力修復自己。

要避免青春期的孩子情緒突然大暴走，有這些方法可以幫忙：

一、家人之間要體諒孩子正處於青春期，盡量減少刺激。

二、平常多跟孩子聊聊在青春期時，可能會出現的身心狀況改變。

三、當孩子情緒失控，旁邊的人要冷靜，不要火上加油。

四、適當地和緩或安撫。若無效，就先閉上嘴巴，讓孩子自己轉換情緒。

五、多跟孩子分享自己青春期的故事，讓他知道父母也曾經歷這些風暴與尷尬。

六、平常讓孩子練習發洩憤怒的方法，如大叫、寫下來、去運動或洗澡等。

七、家人間互相支援與提醒；「他現在心情不好，我們先不要煩他。」

八、尊重孩子保有隱私和祕密，讓他們擁有私人的時間和空間。

九、鼓勵孩子多出門運動與閱讀，可以讓身心穩定發展。

十、保持固定的作息習慣和充足的睡眠，不要讓孩子熬夜。疲累和睡眠不足，會讓情緒緊繃，隨時都有可能爆炸。

經過一年多的演練與調適，當兩個兒子一個進入國二，一個變成小六生時，已經很少會出現突如其來的憤怒，或情緒暴走。

但是當孩子進入不同階段，會產生新的變化。陪著孩子成長的過程中，父母常常需要打掉重練，只因為人本身就是一個變數。穩定一段時間後，當有新的改變時，就會出現新的課題。孩子真的是幫父母磨出智慧的煉金石。

弟弟進入國中後，又出現一段情緒不穩定期。我從上面的項目中檢測，家人都有相互支援與配合，那問題出現在哪裡呢？我們一定要好好聊聊。

我跟他說：「每一次你生氣的時候，媽媽的心其實都很痛，覺得比自己生氣時還痛。因為看到你被憤怒折磨，媽媽總是很心急地想幫你把憤怒趕走，希望你不要生氣了，但是往往卻讓你更生氣，後來媽媽只好改變方法，先接受你在生氣，先讓你靜一靜，等到你情緒比較穩定時，我們再來討論讓你生氣的事情。」

弟弟說：「我只要開始生氣，就會愈來愈氣，有時候也不知道為什麼要那麼生氣。」

我說：「因為你們青春期荷爾蒙的分泌還不穩定，就像媽媽現在更年期的荷爾蒙分泌也不穩定一樣，有時候，會覺得自己好像變成一個自己都不認識的人似的。是這樣的感覺嗎？」

他說：「對啊！我都不敢在學校生氣，因為怕自己會控制不住。」

我說：「辛苦你了！要控制自己要生氣的情緒，很不容易，你都怎麼做呢？」

他說：「就跑開啊！去教室外面走一走。」

我說：「之前老師說下課時，總是有一堆同學圍著你問問題或是說話，老師都覺得你下課休息的時間總是被打擾，現在還會這樣嗎？」

他說：「不會了！因為我會跑掉，在教室外面走一走，就不會跟著這麼多人。」

我說：「弟弟，你會藉由轉換環境來轉換心情，不讓自己失控，表示你真的長大了！真的很棒喔！如果在學校有什麼事，都可以跟媽媽分享，知道嗎？」

他說：「我知道！」

教養，是從嚴到鬆；管教，是從管理孩子，變成孩子自我管理。但這些他律要變成自律，很多人會卡在情緒控管不良。情緒總是要有出口，要在哪裡發洩呢？

家庭，是可以讓孩子最放心做自己的地方，所以父母總是要承受與忍受孩子控制不住自己爆發的情緒炸彈。

只是，當孩子的情緒炸彈爆發以後，我們還是要帶領孩子對情緒做梳理，這樣孩子才可以在事件中獲取經驗，學習如何處理下次再突發的情緒狀況。

青春期的孩子，雖然情緒不穩定，但他們更有能力練習做理性的思考與表達，這需要父母的陪伴與引導。

當青春期的孩子情緒爆發時，沒有關係的！就讓他先發洩一下，你不要急著滅火，他要練習認識與接受這樣陌生又莫名其妙的自己。

當青春期的孩子突然哭泣時，沒有關係的！先讓他哭一下，因為積壓過滿的水庫，一定要經過洩洪來疏通，才不會整個崩潰。

當青春期的孩子，好像變成你不認識的人時，沒有關係的！就慢慢觀察孩子還有哪些變化，等孩子情緒平靜時，再好好地和他對談與溝通。

孩子在成長，所以天天都有變化。有時候我們不要太心急，總是想著要幫孩子承擔與消化他生命的十字架。要讓孩子自己揹起生命的十字架，才會長成他的生命經驗，他才能承受得住自己生命產生的重量。

在教養面前，有時候慢一點、停一下，就像是一首美妙樂章的休止符，雖然微小，卻是那麼的重要。

父母與孩子，都需要一些等待的時間，等待與陪伴彼此，歷經不同的變化。現在讀高一的竑動，已經可以妥善處理情緒的起伏。

每個孩子都有自己成長的步驟與速度，只要多引導孩子認識他自己，孩子才可以在探索與接受自我中，像一杯混水慢慢地沉澱與淨化，逐漸呈現出他該有的樣貌。

讓孩子練習玩情緒的溜溜球

一旦孩子學會跟自己的情緒相處，會減少很多鬧彆扭的時間。從接受情緒，了解情緒，到可以安頓自己的情緒，是需要反覆覺察與練習的。

要學會安定自己的情緒，就像是把情緒變成溜溜球，雖然拋出去了，但要控制在安全的範圍內，還可以彈回來，愈彈力道會愈小，慢慢就會變成靜止的安然狀態。

孩子想引戰時，請當他的滅火器

教養的目的不是要孩子怕你，而是要懂得如何去愛。
小時候怕父母的孩子，在青春期會讓父母怕他，
別讓成長過程中的委屈與壓抑，發酵成失控的叛逆或逃離，
讓孩子學會愛與付出愛，永遠來得及。

晚上，讀高二的祐亨從外面回到家，跟我閒聊了幾句走進他的房間。他突然問：「媽媽，為什麼我的書桌上有一包垃圾呢？」我想起我今天中午在他房間講電話時，順便幫他打掃房間的事。

我回他：「我今天跟阿姨在用電話聊天，看見你房間裡的灰塵和頭髮，就順便打掃一

下，你是不是要謝謝媽媽呢？」其實，他沒生氣我進到他房間，還幫他打掃，這就算客氣了。我居然還想討功勞，是不是想找架吵啊？

他拿著那包垃圾出來說：「媽媽，謝謝妳順手幫我打掃房間，但妳是不是也應該跟我說謝謝，我幫妳丟垃圾喔！」

我抬頭看著他因為期待而發亮的眼睛，我笑了。我笑著說：「謝謝你幫媽媽丟垃圾！」他的笑容漾入我的心湖裡，漾盪著暖暖的感覺，即便他青春高挺的身影已經走出我的視線。

我在想，如果我們是互相看不順眼又很討厭對方的青少年親子關係，那會變成下面這樣的情節嗎？

孩子面無表情地回家進房，開始大叫：「媽，為什麼我的桌上有垃圾？」

媽媽緊張又生氣地回應：「因為我在你的房間講電話，看見房間太髒，幫你打掃，你還不知道感謝？」媽媽的情緒馬上進入備戰狀態。

孩子：「我不是說不要進到我的房間嗎？我也沒要妳打掃啊！還有，垃圾也沒丟啊！」孩子已經正面迎敵。

媽媽：「房間那麼髒，像是人住的地方嗎？人家幫你打掃，還不知道感謝？」媽媽已經陷入自保的人身攻擊！

孩子：「這是我的房間，我自己會管，不用妳雞婆！」孩子愈吵愈生氣！

這可能陷入一場無限輪迴的親子大戰嗎？直到孩子「砰」地一聲，把房門關上嗎？

當家裡有青少年，父母的神經，是不是都繃得很緊呢？

青少年的孩子，其實特別在乎父母對待他們的態度。雖然有時候他們自己對父母的態度不好，但卻希望父母對自己尊重與友善。

青少年很在乎自己的隱私權，沒有經過他們的同意，我們不能碰他們私人的物品，包括打掃他們的房間，這是親子共有的認知嗎？

前面的那段經歷，可以在像是閒聊的氣氛中又用微笑收場，是因為我們親子關係溝通良好，而且，也顯現兩個共有的生活認知，其一是看見地上有灰塵、頭髮，甚至垃圾時，可以順便打掃一下；其二是看見有垃圾要丟時，順便丟一下。

很多親子關係裡的衝突不是因為沒有愛，而是因為有更多的委屈沒有被理解，而讓誤會變成硝煙的導火線。

媽媽順手幫青少年整理房間，可能是偶爾才會發生的事，因為媽媽避免進入青少年的房間，還是上上之策。如果媽媽不強調孩子的房間很髒亂，可能也不會讓孩子覺得被批判而受傷，也許就不會引起後面的親子大戰，不是嗎？

你可能會問，明明就是孩子的房間很髒亂，還不能說嗎？面對青少年，還真的不好說，因為青少年是一群眼中、心中、滿腦子中都只有裝著「我」的生物，你看不順眼他的私領域，那是「你」的問題。父母最好把青春期的孩子當成是室友，只要保持關心和禮貌，不要彼此干預。

忍一時，風平浪靜。

當父母的好心被不理解時，雖然很難受又委屈，但在情緒緊繃的氣氛下和孩子說道理，是說不通的。**其實青少年也不都是那麼不講理的孩子，只是他們還在建立自己的道理與秩序，他講的理，可能跟父母的道理，不一定是一樣的。**

在青少年的世界中，他還正在建構他的道理與秩序，父母必須尊重孩子，並且給予信任和祝福。

通常，父母的智慧與修養，應該是比青少年更高深與沉穩的，只要父母忍得住氣，退一步按捺住自己的情緒，好好跟孩子說，孩子才會有冷靜下來的時間與空間思考。

當孩子發現，父母不是要引戰，孩子的情緒就不會繼續被激起，杏仁核也不會持續活化，這樣，理性才能出來，聽見父母說道理的溝通。

孩子的樣子，是父母的鏡子。當你發現青少年孩子怒目而視，進入備戰狀態時，也許，你先投出微笑緩和氣氛，可以讓孩子放下想要作戰的不理性反應。親子間以微笑接力，就能開啟後續的對話可能，而不是大戰的開始。

好好說話，勝過說好話

態度，決定溝通的氛圍。

長大的孩子，可以對談，可以商量，但是不想再被控制，特別是父母打著「為你好」的行為，更會讓孩子覺得反感。

青少年不但耳朵很敏感，甚至也很會讀空氣。父母帶著真誠與善意靠近，跟孩子好好說話，勝過想用巴結、討好似的言語來要求孩子做事。

第二章

轉大人，眞的很辛苦

允許孩子犯錯，讓他長出進步的能力

你說往東，他偏要往西，那就讓孩子迷路一次吧！大腦用不壞，犯錯愈多，學習與進步也會愈多。青少年在變成有選票的公民前，都是先從不服從開始，犯自己的錯，說自己的故事，這才是自己走過的人生。

孩子的成長，原本都是從模仿、學習而來，但是到了以自我為中心的青春期，孩子不再想模仿父母。他要的是用自己的想法與方法，寧願從錯誤中學習，也勝過父母下指導棋。

「妳是不是我媽媽啊？一點小忙也不肯幫？」那時讀小六的祐亨在房間大聲咆哮著。祐亨要我一起幫他把小茶几從三樓房間，搬到二樓客廳去，因為他想一邊玩平板電腦遊戲，一邊看電視。但是這樣走樓梯真的有些危險，因此我說：「我幫你拿平板電腦，你搬小茶几。」但是他堅持要我也一起搬，所以有了上面的吶喊。

我是不是他媽媽呢？先撇除辛苦的懷胎十月不談，超過十幾年的撫養與教養不說，當他有需要幫忙的時候，我肯定是他媽媽，一定是他媽媽，因為，他需要幫忙嘛！

但是，當他跟我意見或想法有衝突時，對話可能就變成：「妳不要管我啦！」「我不需要媽媽！」媽媽這個角色，在這種時候，不但不被喜歡，甚至可能希望妳離得愈遠愈好！這就是青春期的孩子常會有的，讓人錯亂又無所適從的矛盾情緒，也常讓父母的心傷得如千瘡百孔的蜂窩。

這讓我想起了相反的畫面：當孩子們有良好的表現，考到優異的成績，那個心花怒放的父母，不是恨不得天下的人都能知道，自己的孩子有多優秀，讓人多驕傲。一定要上社群網站貼文，分享和宣告孩子的傑出。反之，當子女的表現不如預期，不被認同，可能出現的對話就是：「你到底是不是我生的？」或是「我怎麼會生出你這樣的小孩？」

「妳到底是不是我媽媽？」

「你到底是不是我生的？」

這些答案，通常是肯定的。因為肯定，才敢這樣咆哮與吶喊。人性很弔詭，往往對外人禮貌而客氣，卻對家人嚴厲而強悍。我們總是覺得，我們是家人，可以互相包容，彼此理解，即便傷害了對方，基於血濃於水的親情，應該是打不跑、罵不跑的。但是，真的是這樣嗎？

當然不是這樣。沒有一顆心不會受傷，大家的心都是肉做的，會因為受傷而疼痛，會因為缺氧而窒息，會因為不再跳動，而死亡。

仔細觀察與分辨會發現，影響一天生活最大的變數，其實就是情緒。不要常常讓情緒這隻小怪獸一再搗亂，躍居成為生活的主角。

我不想變成情緒怪獸的奴隸，也不想讓孩子一直被情緒脅持。我選擇接受祐亨的建議，跟他一前一後地搬動茶几，和擺在桌面上的平板電腦及配備。

小心而緩慢地從三樓的樓梯開始往下走，走了幾步，孩子終於發現這樣搬運不但危險，而且更不方便，他自己開口說：「媽媽，我自己搬就好了！」

因為我答應用他建議的方式幫忙，讓他從原來極度不爽的吶喊情緒回歸平靜，甚至因為媽媽讓步，還有些贏過媽媽的小竊喜。但是當他真的體會到媽媽說的危險和不方便時，他自己也恢復了理智與理性的判斷。而他決定要自己搬，是因為他相信，他自己做得到。

一開始，當我被孩子無情的話傷害時，確實驚愕也痛苦。但幾次過招下來，發現不是孩子在傷你，是孩子控制不住的情緒在傷你，孩子也沒有要傷害你的意思。有時，他們也會被自己情緒失控下說出的話嚇到、傷到，那父母還要跟孩子失控的情緒去計較、去認真嗎？

孩子青春期時，親子之間的矛盾與衝突，往往是情緒這個小怪獸在從中作梗。**當情緒來時，先處理情緒，不要處理事件，待雙方都冷靜下來，理性出現時，再進行溝通與事件的處理**，這樣既不會傷了親子之情，也可以讓事情有相對圓滿的解決。

教養孩子，是家長的修行之路，焦急也不會讓孩子快點長大。如果你的心情愈容易恢復穩定，孩子的情緒發展也可以更穩定成長。當親子之間的矛盾變成情緒炸彈時，別急著引爆，先放下身段，接受彼此的情緒，採行孩子的做法，讓問題顯現，孩子透過被尊重與自我觀察，自己發現了問題，就會更心服口服，也會接受父母的建議。

孩子在青春期時，家裡很容易就硝煙四起，但只要孩子的想法沒有違法犯紀或牴觸家規，沒有傷害道德或是善良風俗時，就先試試這些步驟：

一、先冷靜，聽孩子說。要常常讓孩子說，這樣他才能訓練用理性思考與表達。
二、尊重孩子的觀點和想法。父母懂得尊重孩子，孩子才會更敬重父母。
三、用孩子建議的方法解決問題。孩子的想法也許對，也許不對，總是要試試。
四、看結果。當結果出現，事實就可以證明一切。

祐亨高一後，如果我們有想去的餐廳會請他先訂位。有一次他在訂位日期快到前，我請他再確認，他說不用確認啦！結果那天到現場，才發現他訂位的日期是在隔天。他對於自己犯這樣的錯誤很尷尬，但這一個經驗讓他學會即便訂位，也要再確認。

青春期的孩子寧願從錯誤中學習，也勝過父母下指導棋。多讓他想、多讓他說、多讓他做，讓他在感性的支持與鼓勵中，建構出理性的腦與溝通判斷能力。

不要常常引爆親子衝突，大人多些包容與等待，孩子就可以成長得更穩健。

是孩子犯錯，還是父母搞錯？

有時候要容許孩子犯錯，他才會心甘情願去學正確的做法。但有時候我們以為是孩子做錯時，先不要急著下判斷，先問問孩子真實的情況，也許是我們誤會孩子了。

特別是疫情延燒多年，改成線上上課時，有些家長看到孩子在休息，或是提早下課，可能都以為孩子在偷懶，其實常是因為孩子答對老師的提問，或是在課堂上表現良好，老師會讓學生提早下課，可以讓眼睛休息一下，再準備上下一堂課。

這些都是我從觀察孩子的線上課堂中學習到的經驗。

給爸媽的戀愛課：如何與孩子談「情」說「愛」

愛情，其實是孩子在學習跟人建立親密的關係。這種關係，就像是心靈的時空膠囊，裡面裝著孩子最初接收到的愛的密碼，而他會再將自己的新設定編寫進去。

當孩子的第二性徵開始發育，在體內流竄的荷爾蒙，不但會讓孩子的外表慢慢像個大人，心思和行為也開始脫離童稚，甚至往外開始經營友情、愛情。父母要如何陪著孩子在情字這條路上探索與穩定前進呢？

現在的資訊太氾濫，孩子情竇初開的年紀，已下修到小學中高年級。你知道孩子喜歡過誰，或被什麼人喜歡過嗎？你有跟孩子討論過喜歡、戀愛、性行為，與結婚生子的議題嗎？這些問題我都隨著孩子的年齡發展而慢慢跟他們討論。

一、**讓孩子從小就有會被人喜歡或討厭的概念**。

不要以為孩子還小，離愛情還有好幾個光年。愛情都是先從喜歡開始，但是喜歡是看見一個人的優點，喜歡他某種特質。而愛情除了喜歡之外，還得包容對方的缺點，接受對方的不完美，並且愛情有絕對的獨占性與排他性。這些差異不要說孩子不一定可以釐清內心真實的想法和感覺，就連很多大人都不一定可以為愛情負起責任，因而造成婚內外遇，所以親子可以一起好好學習愛的課題。

只要跟人有固定或經常的接觸，孩子就可能會有喜歡與不喜歡的對象，這是很自然的情愫。以前有次去接還在讀大班的祐亨放學時，他興沖沖地說：「媽媽，○○說如果她長大了遇見××，就跟××結婚，如果遇見我，就跟我結婚。看長大後會遇見誰，就跟誰結婚。」他口中的那個女同學，不但個性活潑開朗，連喜歡的對象都還有兩位選擇，可見她的博愛與深謀遠慮。

我笑著問兒子：「那她這樣說，你有什麼樣的感覺呢？」

他說：「我就想長大的事也說不定啊！而且我們畢業後都要讀不同的小學，也許再也不會見面了，誰知道呢？」

是啊，誰知道呢？看著那個從小就一直嚷嚷著長大要跟媽媽結婚的祐亨，現在居然也有人想在長大後遇見他就要跟他結婚了！孩子的成長好像只是在一個轉瞬間，就成為過往雲煙，我們如果不多耐著性子聽他們說，會錯過多少美麗的吉光片羽呢？

兒子們陸續進入小學後，我也會聽著他們說，誰喜歡誰或是誰喜歡他們等等。不要害怕跟孩子討論感情的議題，反倒要讓孩子從小就有會被別人喜歡或被別人討厭的概念，也要讓孩子知道自己有討厭或是喜歡人的能力和選擇。像他們在小學中高年級都曾被女同學示好、告白，甚至有同學為他們爭風吃醋，幸而都被班導師循循善誘化解。

當孩子可以正常地喜歡一個人或是改變喜歡的對象，可以為自己的心作主時，也許因為有自信，反而比較不會急著想要發展成一對一的戀愛關係。此外，孩子的喜歡也會變來變去，在這些變動中，他們也在慢慢形塑自己為人處世的原則與樣貌。

二、**高調宣示交往只是好玩、想炫耀，或是誤解交往的意義**。

因為代課的關係，我認識很多學生，有些學生都會要求我加臉書朋友，所以在臉書互動上，我會看見很多年輕的臉友及青少年之間的互動。這些臉友，他們從小學進入國中後，常常在交友狀態中寫著跟誰在交往，甚至直接在社群上以老公、老婆相稱。很多其實只是為了好玩、想炫耀，覺得脫單比較酷等等。而且顯示跟誰在交往的對象中，女同學跟女同學交往的比例最高，因為女生比較在乎情感上的支持與歸屬感。

也有些狀況，甚至是搞不清楚交往的意義。

有個男學生A就說他在國一時差點被另一個男同學B害死。因為在小學時，B問A喜不喜歡他，A認為就是同學之間的喜歡啊！於是直接回說喜歡。沒想到在國中時有人問B國小有沒有跟人交往過，他就說自己跟A交往過。後來A知道後跟大家澄清，就是一般同學之間的喜歡，大家不要亂傳他們談過戀愛。國中生的情思啊，真的是情感教育不足的變形小說。

有時候學生之間喜歡傳誰跟誰在交往，或是誰暗戀誰等等。如果孩子跟你聊這些話題，你要像是收到孩子贈送的特別禮物一樣，謹慎開啟。因為那是他願意跟你分享屬於他的青春祕密，既珍貴又別有趣味。父母千萬不要嫌棄他年紀小哪知道什麼是談戀愛。青春期孩子的「個人神話」，他的任何感受與經歷都是「世界之最」。

三、告訴孩子要遠離容易失控的曖昧情境。

我國小的時候，有個鄰居大姊姊在高中時休學結婚了，原來她去男朋友家看書看到發生關係而意外懷孕。很多人都覺得不會那麼倒楣一次就中獎，但次數多只是懷孕的機會會增加，並不表示完全沒有機率。而且每一次懷孕，不就只是因為那一次精子遇上卵子嗎？難道還會有分幾次才遇到嗎？大人小孩都不要自己騙自己了。

我在補習班當高三物理班的帶班導師時，有次一個學弟很興奮地告訴我：「學姐，我之前不是跟妳說過，我剛認識一個女孩。」

我說：「對啊！怎麼了？」

他說：「昨天我請她來家裡複習功課，看了一下書，我問她要不要參觀我的房間，然後到了房間，我抱她、親她、摸她，一下就到三壘了，怎麼會這麼容易？」

那個高頭大馬的學弟，說得眉飛色舞，我的腦海裡卻一直回響著他的那句話：「怎麼會這麼容易？」那時我不懂，後來我明白了這是「情境使然」。

不要說燈光美、氣氛佳，才會發生意外的關係。當兩個年輕肉體在私密的空間相聚，莫名其妙的電流就可能讓電線插上插座，事後兩個人卻都推說不知道怎麼就發生了！

全身荷爾蒙狂飆的青少年，理智的大頭，管不住情慾高漲的小頭，只想全力衝刺奔回本壘，一邊探索一邊奔壘。還好當下女孩拒絕了，而缺乏經驗的男孩也還來得及煞車。不然完全沒有身心準備地直接性交，誰知道會演變成何種狀況呢？

朋友親戚家的高中女兒也因為懷孕休學結婚，十六七歲就當媽，現在二十出頭，已經生了三個，這讓朋友的女兒們，在看了她們表姊的人生經歷後也心生警惕。

青少年談戀愛，要選擇在公開場合約會，避免在曖昧的情境中獨處。少女往往對愛情充滿夢幻和憧憬，但青春期的男孩，不是被愛驅動了靈魂，而是對性的好奇，主宰著他的行為和思緒。如果不小心擦槍走火地「弄出人命」，不管是選擇生或不生，都會對兩個孩子的人生，造成無法評估的影響。

青少年要成功避孕，只有一個百分之百有效的方法，就是：不要發生性行為。我們聽過多少在外面磨蹭射精，而女友還是處女就懷孕的故事呢？

愛情，是從兩個相互吸引的靈魂開始好奇之旅，如果只急著探索彼此的肉體，那只是慾念。

四、要保護自己，尊重彼此。

性，是人類繁衍的原始驅力，原本是單純、健康，情感交流而美好的連結。但如果逾越年齡、意願、道德、禮教、場所，甚至淪為權勢、金錢、暴力的交易或脅迫與迷惑時，就變成色情與犯罪。

青春期的孩子在第二性徵開始發育後，會對性好奇只是基於本能，但如果他們沒有正確的知識，被誤導或是被利用，那都是我們不願意看見的事。

常常有讀者私下問我孩子自慰或是交異性朋友的話題，其實在我們的對談中只是協助父母釐清心中真正的觀念和想法，讓他們有能量協助孩子走過躁動又懵懂的青春。父母可以多跟孩子分享自己的戀愛經驗，告訴他們自己對同性和異性的觀點和看法。還有父母當初怎麼選擇對象、怎麼保護自己、怎麼達到情感交流卻也尊重彼此。這些過往經驗可以給孩子一些實質上的參考，才不會讓孩子在網路上亂看、亂學。

每對父母心中的尺度都不一樣，自己要先釐清可以接受的範圍與界限，用健康的心態跟孩子討論，不然孩子只好自己胡亂找資料滿足他的好奇，這樣不是更危險嗎？

五、學會失戀，才能夠勇敢再愛。

以前有位朋友跟我說起她的真實經歷。

有天她在路上，遠遠看到一對手牽手的男女朝她走過來，彼此距離愈來愈近時，男孩跟她交換著彼此訝異的眼神，然後男孩鎮靜地開口跟她說：「媽！這是我女朋友！」當下她雖然驚訝到說不出話，還是禮貌性地打了招呼。

後來，朋友和她先生決定邀請女孩來家裡吃飯，得知女孩來自只有父親的單親家庭，言談之間對愛充滿了幻想，他們決定先觀察兩個年輕人的交往狀況。

朋友的兒子正常約會了一段時間後，突然變得有些無精打采。她關心地詢問兒子，兒子只是輕描淡寫地說：「她發現更喜歡的男生，對方也答應跟她交往，我們就分手了！」短短不到兩個月的愛戀，朋友的兒子被動地接受女方的追求，也被動地接受女方的分手，就像是一場突如其來的發燒，來得快，退燒得更快。

戀情有開始就有結束，父母也要跟孩子們談談如果分手怎麼辦。

平常跟孩子們聊天，我們就會談談別人遇上分手時的狀況。祐亨在國三時曾說：「分手就分手吧！天涯何處無芳草！」

我說：「對啊！談戀愛就是在練習跟別人相處，我們不會因為失去一個人的愛而活不下去，也不會有人因為失去我們的愛而活不下去。要找到一輩子的愛情不容易，但是在進入戀愛關係前，我們可以先學會好好愛自己。」

有一位大學教授曾經說過：「以前我剛在大學教書時，學生從大一談戀愛到大四要分手，一段感情就是大學四年的光陰。現在的學生是開學談戀愛，學期結束前就分手了！」校園戀情這樣的轉變，反映著什麼都求快的社會現象吧！

有個朋友的兒子剛念大一不久就談戀愛了，大大方方地把女朋友帶回家過夜。結果不到三個月，那個女生喜歡上別人就跟他分手。朋友只問兒子，分手後，你確定她生理期有來嗎？他兒子說確定她生理期有來啊！我很好奇朋友為什麼要這樣問她兒子？她說：「雖然他們分手了！但也要確定女方沒有懷孕啊！不然以後還不知道會衍生出什麼事。」哇！現在大學生談戀愛進展與分手，是不是都用光速進行呢？爸媽都有足夠的思想準備嗎？爸媽都有跟孩子們討論交流過嗎？

六、利用分組或社團活動，多接觸不同類型的朋友。

除了好奇、想炫耀等原因會導致早戀之外，這樣的孩子大多也缺乏「愛」。當親情與友情匱乏，在青春期時就可能讓愛情提早萌芽。

父母除了多關心孩子，把親情填滿，更可以鼓勵孩子多利用學校的資源，在分組或社團活動中，多接觸不同類型的朋友，擴展自己的人際網路發展友情，才不會急著想鑽進一對一的小型世界。

如果父母以為不讓孩子參加社團活動，禁止孩子談戀愛，孩子就會把所有時間花在用功讀書上面，這樣其實是有些自欺欺人的鴕鳥心態。

壓抑與禁止，不是讓孩子變得更反抗與更叛逆，就是變成逃避與自閉。青少年喜歡冒險，更熱中挑戰權威，只有疏通才不會造成氾濫與衝撞。

七、崇拜偶像，釋放「想愛」的能量。

讓孩子想愛的能量有一個安全的發洩管道，那就是偶像崇拜。

我會聽聽孩子談他們喜歡看誰的影片、聽誰的節目與歌曲。青春期的孩子花一點時間崇拜偶像，就像是地球偶爾的小型地震釋放能量一樣，不但安全正常，也可以帶給孩子不同的變化和成長。

像祐亨在高一時很喜歡聽一個分享投資股票的理財節目，透過這個節目的介紹，在高一暑假閱讀了二、三十本好書，他說：「這個暑假看了這麼多的好書，過得好充實。」

每一個孩子心中的偶像，都比父母有吸引力。如果孩子透過偶像的介紹，而開啟自己不同的接觸層面，也是好事。但現在資訊浮濫，父母也要關心孩子們關注的偶像，是否健康、正向。

八、「愛」是一種向上的驅力。

因為愛你，我讓自己變得更好；因為愛我，你也讓你自己變得更好。

如果因為談戀愛而讓兩個人成績退步，茶飯不思，影響到健康與正常的生活，這其實是慾念在作祟的迷戀，迷失在戀情中的愛不是真愛。真愛是一種向上的驅力，這種內驅力，會讓自己和對方都往變好的路上前進。一如父母對孩子的愛，如果造成孩子成長的阻礙，那也不是真愛而是溺愛。

祐亨讀國二時我問他：「你會喜歡怎麼樣的女生？」

他說：「像我一樣優秀的。」

我再問：「那幾歲會想交女朋友？」

他說：「十八歲以後，成熟一點吧！」

這個答案，顯示孩子對自我的認知，會投射到他選擇朋友的考慮和需求。

讓孩子多了解別人與自己的不同，本著尊重與欣賞的眼光，多交朋友。可以跟自己志趣相投的朋友，一起切磋成長，也可以透過觀察跟自己不一樣的朋友，看見世界的其他面向。我們離開父母的保護之後，也是靠著同學朋友在人生的路上相互切磋砥礪。不管是同性還是異性，孩子只要用健康的心態交朋友，慢慢地，也可以發展出自己良好的人際網絡。

父母關係會影響孩子的感情觀

如何跟異性相處？孩子一開始都是跟父母學習的。如果你希望孩子的愛情關係健康、正向，那就先向孩子示範你們良好的夫妻關係。

尊重與忍讓，往往是親密關係的重要元素，不同方式的應對與表達，也左右著情感的連結。孩子在觀摩父母的互動中，可以學會做適合自己的選擇，珍惜與善待人際相處的緣分和情感。

「我不會！」放棄嘗試、選擇逃避的「自避兒」

「學不會」跟「不願意去學」，
是不同的兩件事。
青春期出現的拒學和逃學，
很多都是來自於沒有找到適合自己的學習方式。

好奇心與嘗試的勇氣，原本是帶動孩子進步與成長最大的動力來源。只是有些孩子就是對學習提不起興趣，雖然花了很多時間去補習，但就是無法反映在學習成效上。這樣的狀況，往往讓父母焦急又懊惱，甚至常常引爆親子衝突。

那些放棄嘗試，或總是說，我不會、我不要試、我不行的「自避兒」到底是發生什麼事，讓他們的基因，像是被改變了一樣呢？

父母可以從兩方面來審視與幫助孩子再振作起來：

一、**留心孩子是不是有習得性無助感**。

原本學習會帶來進步與改變，但不適合的學習方式或是不能勝任的學科，卻可能會讓孩子懷疑自己沒有能力學習。

以前有一個笑話廣為流傳：「女人也許會欺騙你，兄弟也許會背叛你，但數學不會，數學不會就是不會。」這個數學不知道讓多少青春期的孩子，從放棄數學到放棄學習呢？

我有個朋友的女兒小學成績還不錯，考上私立中學後也算順遂。但隨著國二國三的數學理化愈變愈難，孩子臉上的笑容也愈來愈少。漸漸地，只要隔天要考數學，孩子總是一拖再拖地不想面對。

原來孩子這樣的心理表現是「自我妨礙」，因為她覺得反正她數學看不懂，不會算，明天也考不好，乾脆就不複習。這不是她能力不及，而是她沒努力。這就是為什麼教養書籍一再跟父母強調，要讚美孩子可以，但是要讚美孩子努力的付出過程，而不要讚美孩子好聰明。因為孩子害怕如果失敗，就會讓人家以為他不聰明，於是更害怕嘗試。因為沒有嘗試就不會失敗，這樣他就不用懷疑自己是否聰明。

這樣的自我妨礙，就像是伸出一隻腳，原本這隻腳要跟著另一隻腳帶著自己前進，結果卻是在前面把自己絆倒了。多可惜的自我妨礙與自我耗損！

除了害怕失敗之外，習得性無助感也會造成孩子的自我妨礙。

習得性無助感的理論，是在一九七五年由美國賓州大學心理系教授馬丁．賽里格曼提出。他用三隻狗和鞍具以及操縱桿來做實驗：第一隻狗在身上加上鞍具，隨後被解下。第二隻狗被加上鞍具後，施以短暫但有痛感的電擊，狗可以透過碰觸前面的操縱桿來停止電擊。第三隻狗與第二隻狗並排，牠也接受同樣的電擊測試，前面也有操縱桿，唯一不同的是操縱桿沒有停止電擊的作用。

經過多次實驗以後，前面兩隻狗都可以透過掙脫鞍具，迅速恢復狀態。第三隻狗卻變得消沉、失落，不再嘗試。

造成這種習得性無助感的最主要原因，是在心理上認為自己無法控制某件事情，進而產生了消極的行為，不願意面對真實的狀況。

有些孩子在進入國中後，發現課業變深、變難。一開始可能只是留下課業上沒有學會、學懂的小洞、小錯，等到累積愈來愈多不懂的地方，最後只能放棄，逃避嘗試，也逃避更多的失敗。

要怎麼面對與幫助習得性無助的孩子呢？

我們先想像一下，當一台原本漂亮的車子突然不會動了，你會怎麼處理呢？是在旁邊罵車子怎麼不動呢？快發動啊！還是會檢查一下是不是哪裡故障呢？是不是沒有油了？

那為什麼當我們看孩子無精打采，沒有學習動力時，不是先關心他是不是不舒服，或是不是遇上困難等，卻是罵孩子不用功，整天只想玩呢？

習得性無助的孩子，就像車子可能哪裡故障了需要修理。孩子也許有些科目卡住了，聽不懂、學不會的小洞太多，多到最後只剩下放棄；也有可能像是車子缺乏油料失去動能。這些孩子需要你看見他的優點及強項來讚賞，這些鼓勵的言詞與行動，就像是為孩子加上油料，讓他激起為自己學習與奮鬥的動力。

朋友看見她女兒這麼恐懼數學，決定跟孩子好好談一談。起初孩子跟她說想念高職不想念高中，朋友的心中很掙扎。因為念私立中學花了這麼多錢，孩子在平常模擬考中也有3A的成績，真的要放棄高中，選讀高職嗎？

她向其他前輩請教後，有人建議她讓孩子回到南部故鄉念公立的女中，這樣同樣是念高中，但南部的會考分數沒有這麼激烈的競爭，以孩子現在的實力應付綽綽有餘。

沒想到當朋友把想法告訴她女兒時，女兒說：「媽媽，我真的不想念高中，這樣三年後我還是要跟這些念高中的人競爭。我現在雖然可以考３Ａ，但數學和理化，不管我花多少時間努力，我就是學得很痛苦。我喜歡學習語文，我甚至想好以後要念的大學科系了。」

當朋友跟她女兒用誠懇的態度，和傾聽她真實的心聲溝通後才發現，原來孩子在心中有很多想法和規劃，但卻害怕讓父母失望而不敢說，反而讓心思縹緲與掙扎，無法專心讀書。

朋友決定支持孩子的想法與做法，讓孩子選讀高職，拚未來想念的大學科系。當親子達成共識，不但孩子念書變得更自律，連帶臉上也恢復了笑容。

二、**觀察孩子是否依賴成性**。

補習是要補孩子需要加強的部分，而不是補父母的安心，要讓孩子檢視自己的學習方式，和清楚自己的強科及弱項。

祐亨在國二時有同學問他：「為什麼你沒有額外補習，成績卻比我們有補習的還好？」

他說：「因為你們去補習的，都會覺得有補習就可以不用管學校的課，上課都不聽老師講課，但我有認真聽。而你們晚上都很晚睡，我比你們早睡。」

依賴補習、依賴家長，是很多孩子成績不一定好，或是不會替自己的事負責的原因。

有一次祐亨放學回家後跟我說：「今天上課時，校長突然到我們教室來，大家都覺得很奇怪。原來是有同學家長打電話給校長求情，希望學校不要處罰她的孩子忘記帶材料去上課，所以校長就來班上了解情況。」

我問他：「你覺得家長這樣做好嗎？」

他說：「當然不好啊！他媽媽管他這麼多，會害他長不大。」

真的不是孩子不願意長大負責，而是父母沒有把孩子該負的責任還給他。沒有學習過如何解決問題的孩子，當出現問題時第一個反應一定是逃避或依賴他人，逃避問題，也逃避責任。

在孩子進入青春期前，父母一定要讓孩子有安全的依附關係，這樣孩子才會感受到有人在乎他、關心他、愛他。但等孩子出現青春期的成長訊號時，父母要讓孩子漸漸脫離對父母的依賴和依附，放手讓孩子自己練習選擇與承擔責任。

成為孩子的助力而非阻力

每個人對於自己做得好的事情都會產生自信，也都有向上的內驅力。我們要找出孩子的強項，當他自信的定心錨，讓他能勇於向外嘗試，擴展能力的半徑，畫出自己的成長版圖。

父母不妨常常想一想自己有沒有看見孩子的優點，有沒有當他的助力呢？

面對校園霸凌，如何拉遠孩子與惡的距離？

國中階段，是青春歷程中常常出現亂流的時刻，很多霸凌事件都是先從破窗開始試探。孩子需要父母的幫助，但不是控制，父母要能放能收，透過觀察、監督、傾聽與適時出手協助，讓孩子避免惡的傷害。

拒絕別人對自己私領域或私產的騷擾與窺探，有時對大人來說都不容易，更何況是對正在乎同儕認同的國中生呢？

一向溫和的孩子，從與人為善到要學會拒絕，其實沒有父母以為的那麼容易。孩子在外面對的挑戰，需要父母的支持與陪伴。

個性一向溫雅的弟弟竑勳，在剛進入國中時就遇到幾件讓他煩心又煩惱的事。有同學總是喜歡拿他的水壺去喝水，也有同學會翻他的書包拿他的作業去抄寫。

於是我們在家討論要如何應對。

先生跟我說：「我記得在我國中的時候，也有個同學總是喜歡拿我的水壺去喝水。我跟他說過好幾次，他還是依然故我。後來是我媽去學校跟老師反映後，問題才解決。一開始那個同學可能只是覺得好玩，後來因為方便就變成了習慣，直到有更大的權威出來制止。國中生就是這樣。」

我說：「弟弟也有跟同學說不要拿他的水壺喝水，而且現在的小孩也不希望父母去找老師，我們還可以怎麼做呢？」

他說：「一定要告訴老師，讓老師處理，學生才會停止這些不良的行為。」

那一段時間，我們總是在反覆沙盤推演，如何能讓國一的孩子明確學會拒絕同學對他私領域的一再打擾。

從與人為善到學會拒絕，對性情溫和的孩子來說，其實是一條陌生又辛苦的路。**特別是國中生，這是一個很敏感的族群，他們不願意做跟老師打小報告的小屁孩之舉，也不願意父母介入干涉太多，怕被說成媽寶**。但是憑藉一己之力，好像又無法真正斷絕其他孩子對他有意無意間的窺探與騷擾，真的好難。

在跟弟弟的溝通中，我跟他說：「我們可以跟哥哥學習。哥哥在三、四歲，有一次有個跟他一樣大的鄰居小孩突然跑到我們家，在客廳逛一逛就跑去開冰箱，哥哥馬上說不要亂開我家冰箱啦！這是我家的冰箱。那時媽媽覺得哥哥好勇敢，會保護家裡的財產，我們可以學哥哥，懂得要保護自己的東西。」

弟弟說：「以前有個同學跟我借筆沒有還，後來我看見他在用我那一支筆，我問他那支筆是不是跟我借的，他居然說是他自己買的。但是我沒有證據證明那支筆是我的，只好算了。但後來如果他再跟我借東西，我一定會確認跟他要回來。」

我說：「弟弟做得很棒啊！在失去東西的教訓中學會了經驗，知道要怎麼保護自己的權益和財產。但是同學會趁你不在的時候翻看你的書包，你要怎麼辦呢？」

老師禁止同學之間互相抄寫作業，但是班上就是有同學不自己認真寫功課，有時會翻弟弟的書包拿作業去抄寫，抄寫完有記得還，還是萬幸，但有時候孩子會找不到作業卻不知道是被誰拿走的，這到底該怎麼辦呢？也有同學習慣拿他的水壺去喝水，這真的很讓人困擾。

先生要我去跟老師反映，要讓犯錯的學生知道痛，才會學乖。

但竑勳拒絕我去跟老師反映，因為他不想當媽寶。

我既要尊重孩子的想法，又不忍心他一直被同學打擾，進退兩難下，我只能每天更認真地聽他分享在學校的狀況，陪他梳理情緒與累積經驗。

直到有一天他在學校發生一件更嚴重的事。有個同學將竑勳在學校獲得的禮券借去看卻不歸還。原本我想請他直接跟老師反映，但他回家說在學校太忙他忘記了，隔天我掙扎了一下，還是決定打電話給老師。

老師聽到後跟我說：「媽媽，竑勳的個性太溫和，我會先等看看他會不會來跟我說，但我想應該不會。謝謝您打電話跟我說，因為這件事很嚴重！學校一定會好好處理。」

孩子回家後跟我說：「媽媽，那個同學被記小過了，他說他會還我錢。我覺得有點難過，就是因為不想讓他被記過，我才沒跟老師說。」

我說：「聽到他被記小過，媽媽也覺得有點難過。但是學校都可以靠愛校服務來消過，就是給同學改善的機會。老師也說這種事情很嚴重。現在他只是受到學校處分，還可以導正觀念與行為而改過遷善。但如果這次他沒被矯正，以後還用這種慣性行事就可能犯法，被法律處分，結果會更嚴重。我們這是在幫他，而不是害他。」

善良需要界限，當沒有界限的善良被軟土深掘，真的是害己也害人。

隔天老師打電話跟我說：「同學的家長很明理，也很謝謝學校的處理方式，讓他孩子的觀念和行為都導正過來，讓一個原本不好的事件走向了好的發展。」同時老師也跟我分享了竑勳在學校的情況與建議。老師發現弟弟在學校的人緣很好，但難免也會對他造成困擾，老師也在觀察，認為他應該學會拒絕才不會總是被別人越界，而且可以用他的好人緣帶動班級良善的風氣。

國中階段，大概是孩子整個成長歷程中最不穩定的時刻，特別需要父母的幫助，但不是控制，而是觀察、監督、傾聽與適時出手協助。很多霸凌事件都是先從破窗開始試探。

希望孩子可以安穩經歷國中三年的父母可以這樣做：

一、鼓勵孩子交幾個好朋友，孩子不落單比較不會變成被霸凌的對象。

二、讓孩子帶同學來家裡玩，乘機觀察他們之間的互動，並與他們聊聊天。

三、觀察孩子的作息是否穩定正常，觀察學習成效是否穩定向上。

四、找出孩子的強科當定心錨鼓勵，讓他慢慢把弱科也拉上來。

五、協助孩子探索志趣，看未來是要選擇念高中、高職、五專等等。

六、保持跟孩子聊天溝通的習慣，才能知道孩子在學校的遭遇，及時發現異常。

七、一定要參加班親會認識老師或其他家長，形成安全防護網。

八、當安定孩子的力量，父母自己要先穩定，用心觀察與監督孩子。

經過上述向老師反映的事件後，老師也在學校加強宣導尊重每個人的身體界限和物品等常規。同學們之間逾矩的情形慢慢收斂，也不再有人亂拿弟弟的水壺喝水。一如老師說的，如果發生不對的事情沒有及時處理，日後就可能愈演愈烈。

後來竑動的同學會來家裡畫海報、玩遊戲、一起打球，騎單車等。連之前拿他禮券未歸還的同學，也是客人之一。

當孩子回到家跟你說學校的事時，不管你多忙，都記得要花點時間認真傾聽，因為這些陳述都是訊號，非常重要。如果孩子沒有辦法把學校的事件處理好，父母還是有必要跟老師報告，透過親師聯手防阻單一的小試探，以免成為日後的長期霸凌。

教導孩子自保之道

很多霸凌都是從試探開始，慢慢得寸進尺。但父母也不是一有風吹草動就跑去學校找老師，這樣孩子也沒辦法學習處理自己的人際關係。畢竟校園裡的主角是師生。

家長可以在家裡模擬一些狀況演練，讓孩子先練習如何拒絕別人不舒服、不合理的對待。如果孩子真的不能處理，父母再出手會比較好。

記得，當孩子抱怨時不要先指責孩子，這樣會讓孩子有苦不敢言，反而會讓欺壓者更囂張，一定要先傾聽孩子說出完整的事，再決定後續的處理方式。

讓實現夢想成為一種能力——我家孩子靠PDCA達成目標

成長的路不怕跌跌撞撞，只怕不肯前進或是目標錯誤。只要陪著孩子訂定目標，並用PDCA循環檢核的方法，帶著孩子執行，才不會讓虛假期望，成為孩子成長時期的煙霧彈而迷失方向。

在代課的現場，有時候會聽到學生這樣說：「老師，我媽媽說等我考第一名的時候，她要給我一萬元的獎金。但我媽媽根本不可能會給我一萬元，她連零用錢都不肯給我。而且我成績很爛，也不可能考第一名！」

學生和他媽媽之間的對話，其實符合心理學上的「虛假期望」。這就像很多人會在歲末年底的時候，設定新年新計畫：「希望明年可以賺大錢、住豪宅、開名車！」「希望明年可以環遊世界！」「希望明年可以登頂喜馬拉雅山！」等，看起來很美好，但卻是不切實際的願望。

想登頂喜馬拉雅山，先從爬上玉山開始吧！

想環遊世界，先從腳踏實地地賺錢開始吧！

人生有夢最美。只是在我們有做夢的能力外，還是要有可以圓夢的實力。家長不是不可以提供孩子獎勵，但獎勵要切實可行，也要看孩子用什麼方式來達成目標，而不是都淪為紙上談兵，空做白日夢地浪費大好青春。

當孩子進入升學壓力劇增的中學階段，父母看孩子念書的狀況不是一派天真的傻樣，就是懶懶散散不思振作的狀態時，是不是常常會有「皇帝不急急死太監」的感慨呢？

父母會急，是因為父母從升學壓力聯想到孩子未來的一輩子，父母的焦慮多麼深遠。而孩子不急，是因為孩子才剛進入中學，升學考試看起來還太遙遠，還沒有動機和目標。

當一個人尚未出現想努力的動機，也沒有設定想達到的目標時，會怎麼做呢？往往就是走一步算一步，應用在孩子身上就是過一天算一天。孩子能做到今日事今日畢，好像就可以偷笑了！

父母可以怎樣幫助孩子呢？**其實不需要每天都盯著孩子念書寫題目，而是要引發孩子的動機，再陪著孩子設定合理而可以達到的目標，免得落入虛假期望的圈套。**

祐亨在國二時想參加卡巴迪的運動比賽，那是有體重限制的團體競賽，而剛好在那一段時間之前，他的體重就像是坐直升電梯似的，一下就到了非常穩重的體型狀態。

那時他身高一百七十出頭，體重大概七十八公斤，但比賽選手的體重要在七十公斤以下，甚至標準有可能是六十八公斤。孩子想參加比賽，也知道少吃多動是減重的不二法門，那要如何執行呢？

我們用了ＰＤＣＡ循環檢核的方法：

- **Plan計畫：設定目標**。

先設定心目中要達到的體重目標是六十八公斤。

- **Do執行：具體執行**。

在飲食方面、早餐晚餐在家裡吃。早餐正常吃，晚餐我們先從控制飲食的分量做起。

中午在學校吃營養午餐時也控制分量。平常在學校進行充足的比賽訓練，在家裡也做些運動強化體力。

另外，養成每天量體重的習慣。

• Check查核：每天自我檢查體重變化與精神體態。

一開始執行減重計畫時，因為吃得比較少，很容易覺得餓就喝水。在少吃多動的情況下，孩子一開始體重減得很快，胃口也慢慢變小。量體重發現變輕了就很有成就感。但一天也只需要量一次體重就好，不要給自己太大的壓力。

重點是，要特別注意孩子的身心狀況是否健康良好。

• Action行動：在查核過程中改善缺失，再執行優化行動。

祐亨少吃多動每天量體重的計畫執行一段時間後，減重開始進入停滯期。但還在發育的孩子也不能過度節食，那我們還能怎麼辦呢？當然是慎選吃入口的食物。

從晚上開始，變成只吃蔬菜和肉類等蛋白質，而不吃澱粉類的食物。那段時間我們陪著他一起吃雞胸肉蔬菜湯，我和弟弟還會吃其他食物，但祐亨的晚餐，就只吃蔬菜肉湯。

執行一段時間後，祐亨不但體態變得更精實，連精神狀況也變好了。這些不僅是體重減輕帶來的好處，為了減重，他的飲食觀念也變得更健康與正確。

你一定很好奇結果吧？這樣執行了兩個月，祐亨的體重從七十八公斤瘦到六十八公斤，整整瘦了十公斤，順利參加比賽還得獎。而且現在他高三了，還是維持在六十八至七十公斤之間的體重變化，而身高已經一百八十公分。

這次歷經兩個月就減重成功的經驗，讓孩子對人生的自信心與掌握度都提高。在國二下學期，他就為自己的會考設定要達到5A10+的目標。

針對會考目標，他依然用PDCA循環檢核的方法執行，從每次模擬考的5A3、4個+開始進步，有一次他終於10個+，但卻是4A1B10+，讓他的排名從全校前五名變成五十幾名。他這才注意到我們考區要先比A，而不是比總分等的方式，也知道每一科的複習與練習都要維持住A，才不會造成遺憾，最後會考考出5A9個+的成績。雖然因為數學多錯一題而只有A+的成績，曾經讓孩子消沉與沮喪了一小段的時光，但他記取教訓，嘗試接受補習一段時間等其他方法，來提升自己數學演算與理解的能力。

祐亨在高一下結束奔波耗時的補習，開始用線上課程學習。他看見同學很認真地寫參考書，他也買了參考書，努力寫題目。到高二上學期的期末考，數學考出一百分的成績，班排第一，校排第七，他說：「媽媽，我對數學開竅了！」看著祐亨晶亮的眼睛，閃爍著自信的神采。那個因為數學會考差一題而沒達到 5 A 10 個＋的目標，一度讓孩子烏雲籠罩的困境，好像終於被孩子靠著毅力與方法而突破了！

很多目標沒有成功，是在執行的過程中不夠貫徹。因為要單憑一己之力養成好習慣而達到自律並不容易。**自律不是僅靠意志力或是想像就可以養成，而需要聰明與刻意地練習與安排**。孩子在減重時有我們的陪伴，當他在準備會考時，會跟好朋友去圖書館念書。他在圖書館四周都在安靜念書的環境中，比在舒適而隨興的家裡，更容易進入專注的狀態。像他在月考前都會選擇在學校夜讀，讓環境引發自己的動力和續航力。

進入中學的孩子，開始要面對升學的競爭壓力。我們不要只做催促孩子去讀書的父母，因為這個時期的他們對聲音特別敏感，很怕嘮叨，有時父母只要開口說話，他們的腦袋就會直接響起警報，覺得父母又來了！又要開始嘮叨了！嗡嗡作響的父母聲音，會變成他們更靜不下來的穿腦魔音。陪著孩子設定合理可行的目標，切實執行，是比較聰明的做法。

補習不是買保險，要陪孩子設定目標與執行

為了提升孩子的學習能力與成效，有些父母花十幾萬讓孩子補全科。但補習是補心安還是補需要呢？補習不是買保險，不是有補有安心。

陪孩子引發動機、檢測需要，以及陪著孩子設定目標，在這些設定與檢測的過程中，可以看出是目標設定有問題，還是執行過程有問題，藉此反覆檢核來優化行動與達到目標，才是確實可行也容易操作的方式。

青春期的成長陣痛——解讀中二病

國中生的情緒變化無常，卻覺得自己是世界的中心。他們跟現實生活，有著看不見的透明玻璃做區隔，就是典型的「活在自己的世界裡」，半大不小的生物。父母除了欣賞，也要提醒孩子看看真實世界。

國中生因為沒有足夠的自信，反而顯得自大又自卑、自戀又自厭，既想獲得認同，又想與眾不同，有時候覺得自己是新世界的神，有時候又覺得自己就是一個廢物。說穿了，國中生就是一個充滿矛盾，同時還不停在長大的生物。

當孩子情緒不好，說：「我是廢物！」時，你千萬不要急著安慰他或同意他，他其實只是在發洩或試探。你可以說：「你不是廢物，我很看好你！」

這是運用心理學的畢馬龍效應。每個人都希望被別人期待，孩子其實是在乎父母對他有期待的。只是這個期待，如果跟孩子的志趣和能力吻合，那是信心的加乘；如果跟孩子的內在價值和條件不合，當然就會形成拉扯與衝突。

父母可以有期待，但如果期待落空時，我們能承受與坦然面對嗎？

孩子進入國中，除了面對升學的分流壓力，孩子的身心也會陷入自己的時空中飄移，他們從一些虛幻的遊戲或小說動漫等的情節角色，來假想與編織自己以為的世界。這些孩子是個人主義最興盛，與討厭懷疑現實世界的小大人。這種現象，在現在的網路世界俗稱「中二病」。

「中二病」是日本的流行語。因為有些青少年的普遍症狀，在國中二年級時，會像傳染疾病似地集體發作，故有此一說。

但中二病並不是真的疾病，只是短暫的成長現象，就像是青春期的成長陣痛，大概有這些狀況：

一、覺得自己是新世界的神，隨時顯現「不要惹我」的距離感。

二、喜歡熬夜，覺得自己可以不用睡覺，很厲害。
三、認定自己獨一無二，別人都不懂他的世界。
四、喜歡自言自語、自嗨，或是唉聲嘆氣，裝憂鬱。
五、在自己想像的世界裡，活得更快樂。
六、排斥卡通圖案，喜歡暗黑屬性的東西，要看起來像個大人。
七、想要得到別人的認同，又想要與眾不同。
八、口是心非，明明很在乎卻偏說無所謂。
九、毫無理由的自信，覺得自己想做，就一定做得到。
十、從貓咪變成老虎似的，喜歡虛張聲勢，喜歡被別人「怕」的感覺。
十一、會無端陷入憂慮，覺得自己隨時會死，也喜歡談論死亡的議題。
十二、覺得自己很厲害，在玩遊戲或者挑戰的時候，喜歡選擇最高難度。
十三、自尊心強，但自信心不夠，是自大又自卑的綜合體。
十四、喜歡用酷、用夢幻，或特別的綽號，來代表自己。
十五、覺得新聞都是騙人的，大人都是虛偽的。
十六、遇到困難和挫折的時候，就會抱怨或者絕望，說乾脆死了算了。

十七、活在自己的世界中，但若大人提醒，還是會看見家人的需求。
十八、認為在平行時空中，存在另一個自己。
十九、會為了反對而反對，卻不知道要相信什麼。
二十、覺得自己有特殊能力，可以預知未來。

這些介於自戀、自卑、自厭、自大等矛盾又複雜的情結，都會在國中孩子的內心世界輪番上演。

他們演得很累，又很可愛，不是嗎？

只是父母如果太入戲，難保孩子都換劇本了，你卻還走不出角色。

因為國中生會想要成為眾人目光的焦點，他們如果喜歡唱歌、跳舞，其實可以鼓勵他們跟同學組隊練習，在學校表演，自娛也娛樂大家。我家哥哥就跟同學在國中時組隊跳ＢＴＳ的舞，在學校表演，留下精彩又美好的回憶。弟弟常常把家裡當成搖滾舞台，一邊複習月考，一邊像在開演唱會，又唱又扭動身軀，他還可以看得下書，我也是真心佩服。

讀者也跟我分享，她常常看我的文章，知道好好跟青春期孩子說話，他們還是會聽，會注意到大人的需求。她說那天要跟國中的兒子去逛夜市，買兒子想吃的鹽水雞。結果兒子腳程飛快，她根本追不上，最後兩人在鹽水雞攤前相遇了。她跟兒子說我們是來逛夜市，不是走夜市耶，我一直跟不上，怎麼物色美食呢？回程時兒子有放慢腳步等媽媽，母子倆又開心地去買烤肉。多好！

雖然孩子進入國中，真的會有很大的改變。但有些現象，是他自己不知道，沒有想那麼多，大人如果事先了解孩子可能出現的變化，給他們一些善意的叮嚀和提醒，孩子的思考與行為能力，就會更周全一點。

多用欣賞的眼光看待孩子，永遠勝過盯著他的缺點瞧。當孩子進入他的想像世界，父母要記得保持一點距離，才可以純欣賞。

另外特別提醒，國中孩子可能會開始想到死，談論死亡的相關議題，父母不要太驚訝，也不要覺得孩子是「少年不識愁滋味，為賦新詞強說愁」。**其實是因為國中生慢慢感受到「生命有限性」，特別是在這個階段可能會經歷家族中長輩的往生事件等，更會讓孩子對生死議題展開思考，這是孩子好好發展自我生命的啟蒙，其實是可以跟孩子探討的議題。**

像我跟兩個兒子在國中階段，都藉由對死亡的認知，討論生命的有限與時間的一去不復返等，鼓勵他們在有限的時間中，多探索與認識自己。

中二病自己會痊癒，父母不用太入戲

國中孩子的情緒會在自大與自卑中，游移著憂鬱現象。有時候讓人氣惱，有時候又萌的可愛。這就是還沒長成大人，卻也變不回孩子的中二病根源。

帶著欣賞與疼惜的眼光，看著他們掙扎與掙脫，進入下一個階段的成長。因為這個階段，不管他們自以為是神或是幽靈，不管他們變身惡魔還是化身天使，都不會太久。之後他們就會從虛幻的世界，跨越結界，進入現實社會，重返人間，繼續修行。

中二病的進化版——傾聽高二病

高中生從自構的虛幻中，進入競爭激烈的現實裡，胸懷壯志，卻還沒有經濟能力養活自己。親子與其花時間氣彼此、氣自己，不如鼓勵孩子多探索與充實能力，找出適合的位置。

高中生脫離了國中生的青澀，卻進入成熟前的苦澀時期。他們大概看見了原本自己幻想出來透明玻璃裡的世界，勇敢從自己虛幻的世界中，走入現實世界，但發現矛盾、混亂，與各種衝突依然存在，讓「中二病」升級成「高二病」。

很多孩子在國中時，身高超過媽媽。到了高中，身高甚至超越爸爸。他們開始覺得父母是矮小的生物。**如果父母還不喜歡學習，總是用過去的知識與常識來教育現在的孩子，**

往往就會被孩子瞧不起。

進階版的高二病，病因更複雜，因為從幻想的世界中出來後發現，現實世界的不美麗，加上自己的無能為力，你說他們能不痛苦，不迷惘，不憤怒，或不沮喪嗎？

進入高中，很多孩子還在摸索未來的方向。不但課業重，對物質的慾望和情感的慾望也更強烈，但他們在經濟上卻還是得依賴父母的資助，這會讓他們生自己的氣，也生父母的氣。

只是成熟度也增添了幾分的高中孩子，他們會自省，會發現國中時期自己很幼稚，很不成熟。甚至會覺得國中時期的中二病「很屁孩」，讓人羞恥。

青春期的孩子都是以自我為中心，只是國中生的自我，有很大一部分是幻想跟現實混雜在一起。而高中生的自我，會開始看見自己在現實世界中的處境和位置，並且多了更多的自省、自我規劃，和自我管理的能力。

像我跟哥哥祐亨聊起他的高中同學，他說：「其實高一時，大家都還在摸索階段，大學想念的科系常在改變，只有少部分的同學，在高一下就決定了方向。其他的同學都只是想先拚成績，讓自己多一點選擇的機會。」

當孩子還不確定志向時，想先拚成績，讓自己有更多的選擇機會，這不是也是父母期許的嗎？

高中孩子未來升學的科系選填，如果父母強加干涉或是無法給予意見，他們也會覺得生氣。因為干涉，是不尊重孩子自己的意願；但如果什麼意見都沒有，又會讓孩子覺得父母不夠關心自己。這是很矛盾的複雜情緒。

在選擇未來就讀的科系這種事情上，父母要表達剛剛好的關心與支持。多聽孩子說，讓孩子多探索自己的志趣，並鼓勵孩子多跟老師討論。

高二的哥哥有一次說：「媽媽，我有時候覺得自己好像很拚，太累了！有時候又覺得自己不夠努力，好像要再努力一點！那到底是要怎麼做呢？」

我說：「你的感受都是對的啊！你確實很努力，會覺得累很正常，可是有時候又會覺得自己還不夠努力，這感覺也很正常，因為人本來就是在變來變去中找尋平衡。你只要在覺得自己很累時，放鬆一下，覺得自己還需要拚時，就再努力一點。找到自己身心平衡的點很重要喔！我們都是在體驗人生。你的人生，你一直管理得很好的！」

哥哥在進入高一前的暑假，曾中途插班去補習班上數學課。持續上到高一上學期結束，因為覺得數位課程學習的效果更好，就暫停實體補習。在高二，他開始減少娛樂休閒的時間，花更多時間在讀書上。在期末考時，數學考了一百分，班排第一，校排第七。他感受到花更多時間讀書，一定會有更好的成績。但有時候覺得自己綁太緊，有時候又會覺得自己還不夠用功。

這是懂得自我省思與自我鞭策的人都有的矛盾心態。這時候孩子還需要學習自我關懷，才可以好好與自我同在。

當孩子跟你說心裡的感受時，那是很珍貴的禮物，更要小心翼翼地收下與回應。傾聽與表達支持，對高中生來說，就是最好的肯定與祝福。

如果父母不能給孩子有用的參考意見，也可以表示對孩子的信任與支持，因為「陪在孩子身邊」就是一種力量，一種父母可以讓孩子安定的力量。

現在很多高中生甚至有交男女朋友，如果孩子願意跟你分享情感生活，這是好事。父母不需要極力阻止孩子談戀愛，而要多傾聽與關心。父母是來幫助孩子成長的，要用智慧跟高中時期的孩子，經營出如朋友般的和諧與和平的情誼，而不是衝突與爭執、怨懟或相互討厭。青春期的孩子，不是我們的敵人，他們只是準備要長成大人。

高中孩子很想看看自己在社會上的位置，對長大的世界充滿憧憬也難免徬徨。父母可以鼓勵孩子，多跟自己欣賞與信任的師長交談，多聽職場達人的演講和經驗分享，給孩子一些正向的資源與協助，讓他們走穩腳下的每一步路。

像祐亨常常參加學校舉辦的演講，也會跟我分享聽演講的收穫和感觸。這些各行各業菁英分享的講座，讓孩子可以跟自己的內在想法做連結與對話，也讓他們能更清楚，自己想在現實世界中的什麼職業上努力與貢獻，這樣就比較容易選擇未來大學要念的科系。

藉由「反中二」，證明自己有所成長

中二病像是在幻想的世界中做自己。高二病是在攻擊中二病的過程中，掙扎著想建構出在現實世界中全新的自己。

高中孩子會在現實中做夢，同時可能覺察到父母漸漸在變老，當他們發現以前無所不能的父母，怎麼變得什麼都不會時，也可能把傷心變成憤怒的複雜情緒，又或是沉默。

協助孩子發展理性，接受社會現實，聚焦在增加自己的能力，並朝目標前進。高二病在孩子愈來愈認識自己之後，也會不藥而癒。

耐得住煩，才解得了人生的繁與難

成長往往不是向上發展的直線，
而是彎彎曲曲的折線，
重點是要保持向上、向前。
在前進與進步中，要耐得住煩躁與挫敗的停滯期。

青春期的孩子跳躍在成熟與幼稚之間，擺盪在獨立與依附之中，掙扎在自信與自卑之間，拉扯在大方與彆扭之中。他們的快樂牽動出我們的興奮；他們的不耐煩，往往也挑惹出我們更多的不耐。但我們要陪青春期的孩子耐得住煩，才解得了人生的繁與難。

炎熱又漫長的暑假，是不是常常會聽到孩子說好煩！

請孩子幫忙，孩子覺得好煩！請孩子結束３Ｃ產品的使用時間後做一些正事，孩子也說好煩！

好煩！好煩！好煩！

不管孩子心情怎麼樣，當孩子常常用好煩來回答你時，是不是你也會變得好煩呢？

在１０８新課綱正式上路後，那時國三的祐亨說：「媽媽，弟弟國一要學的桂花雨，我們國三才剛上完耶！」

我說：「現在的國一課本更有深度喔！應該是希望提升你們的閱讀能力與感受。畢竟，現在的孩子習慣簡化與通俗的火星文和網路用語，寫作能力真的相形低落。」

不但國一課本變得更有深度，國中的公民也很有深度。跟志工朋友們聊起國中的課本，有個志工說：「我兒子以前班上就有同學覺得公民太難，直接放棄。」

我說：「他們課本裡面有很多的法令、規定，都是我們畢業後才頒發的，對我們來說都有些難。」

她說：「對啊！民法、刑法說了一堆，難怪有學生直接放棄不讀了。」

公民素養很重要，法律條文也不都是限制，最大的目的還是在保障大家的利益。該怎麼讓青春期的孩子看待這些繁雜細瑣的條文規定呢？只能陪著孩子耐住煩躁，才能解得了繁雜與困難。

孩子進入國中後，不管是英數理化，還是地理、歷史、公民，課本學習的內容真的比小學艱深。在學校的各類考題中，也模仿未來會考的出題模式，有一堆的資料讓孩子細讀後判讀，再寫出自己的答案。這種從閱讀到思考再到分析與解答的過程訓練是好的，確實比直接背誦答案來寫，更可以提升孩子的能力與程度，而不會淪於只是填鴨的背誦。

引導孩子學會思考、判斷、做選擇，然後為選擇負起責任，這不是我們一直希望教育模式改變，而可以帶給孩子在成長過程中更適才適性的啟蒙嗎？但這些轉變，需要耐心才能適應。

青春期孩子的課業確實很沉重，不僅要耗費腦力和時間，也特別考驗他們的耐心、毅力，還有閱讀和分析歸納的功夫。如果你從不曾看過青春期孩子的考題和作業，可能很難想像孩子面對一則上百字的問題時，會出現的煩悶、焦躁、討厭與想要逃避和放棄的心情。但你可以接受孩子在國中就逃避與放棄學習嗎？

國中跟小學不一樣，不是學過就會了。很多科目需要練習來強化思考的路徑，一如學習彈鋼琴，不是彈過一遍就算是會彈了，而是要一遍又一遍地反覆練習，讓身心習慣與熟悉這個曲目，才可能彈得優美而順暢。

國中的課業，就像是在荒野蔓草中走出一條新路，如果那條新路你只走過一遍就不曾再走，過幾天那條路就會消失不見了。孩子平常需要複習與練習，讓自己新開出的腦神經線路活化與強化，再加上運用與連結，形成真正的迴路，那個知識才會變成孩子的智慧與能力，而可以帶著走。

國中孩子可能因為荷爾蒙的改變，有時候會突然變得很暴躁而沒有耐心，看到一大段文字敘述就頭痛想放棄，如果孩子發牢騷，那是向你求救的訊號。你可以幫幫他，陪著他看看題目，如果不會解也沒關係。有時候可以看看課本、上網查詢，或是問問其他家人。當孩子感受到你的關心與支援，看到你的耐心與包容，孩子自己也會試著想要冷靜下來面對。

但如果你只是罵孩子缺乏耐心；罵孩子上課不專心才學不會，孩子不但要承受雙重的挫折與傷害，也可能因為防衛心態，不是對你大聲咆哮回應，就是退縮而放棄。不管是哪一種極端，你都不希望看見吧！

在知識爆炸的年代，如果孩子耐得住煩來學習，他的智慧也會爆炸性地開展；如果孩子耐不住煩而放棄，要如何面對未來的繁複與困難呢？

在寒、暑假期間，多鼓勵孩子閱讀課外讀物與多運動，除了擴展知識的眼界也培養閱讀的興趣與耐心，運動也可以強化孩子的抗壓性與身體耐力，這樣孩子才能耐得住學習的煩躁與壓力。

將心比心，用冷靜安撫躁動

青春期是成長的大爆發時期遇上課業的大壓力時期，豈止是「煩」和「亂」得以形容呢？

特別是現在每一科考試的題本都動輒七、八千字，孩子如果靜不下心細讀，即便是天才也會被當成文盲。

父母往往在不經意的時候，會刺激到孩子，讓他們變成刺蝟或是河豚。多將心比心，用換位思考與同理心，讓自己以冷靜與平和的態度，來幫助孩子安撫躁動，循序學習。

第三章

做父母難，做青少年的父母更難

不能打、不能罵，孩子要如何管教？

跟孩子「對話」，而不只是「對孩子說話」；
傾聽孩子的心聲，而不只是要孩子聽話。
打罵是落伍又暴力的教養手段，
觀察與傾聽孩子，才能給孩子需要的真正幫助。

在強調愛的教育的現代，總是有父母無力地吶喊，孩子不能打、不能罵，要如何管教？這真是父母自己挖坑給自己跳。

在進入二十一世紀的現代文明中，打罵，怎麼會等同於管教呢？

那次跟朋友們分享完讓孩子養成好習慣的講座之後，有位媽媽舉手發問：「老師，您有沒有遇過真的很想打孩子的時候，那時您怎麼辦？」

我跟她說：「有。在孩子很小的時候，為了阻止他做危險的事。我打過他的手心或屁股。但大兒子在兩歲半的時候跟我說：『媽媽，以後我做錯的時候，用罵的，不要用打的，因為打會痛，罵不會痛。』當他跟我這樣說以後，我知道長久以來跟他好好說話得到了顯著的成效，才兩歲半的他，不但可以清楚表達心中的想法，也知道媽媽是一個可以商量，可以對談與信任的人。從那以後，我就再也沒有打過孩子。」

在我小時候，也沒有被父母打罵過的印象，雖然兄弟姊妹很多，但因為父親特別疼我，他總是喜歡跟我說故事或聊天，或是帶著我出門去買東西。對照現在的教育方式來看，就是溝通與陪伴。

不管時代如何變遷，當使用不用打、不用罵的管教方式時，孩子可以這樣教：

一、好好地說話與對話。

只要可以跟孩子好好地說話，很多問題其實都不是問題。父母常常習慣用命令的方式跟孩子說話，不想也不願意跟孩子溝通，只希望孩子盡快把該做的事情做完，只希望孩子會乖乖聽話、聽從安排。當孩子沒有表達的機會時，不是愈來愈退縮，就是愈來愈叛逆，跟父母的關係也會漸行漸遠。

我們是不是也常常覺得家中長輩在跟我們說話時，也只是自說自話地表達他想說的話，也沒聽我們說話吧？這就是過往教養的可惜處，父母並不是在跟孩子對話：而只是單向地在交代事情與抒發自己的心情。但我們現在要學的，是跟孩子好好對話。

孩子犯錯了，沒做好，也不需要罵孩子，因為父母說話的方式和口氣不同，孩子自己也可以分辨。有些父母很喜歡罵孩子笨，孩子也就真的如他們口所言，被愈罵愈笨，愈罵愈沒有自信。

親子之間如果在平常就養成好好說話的習慣，當父母從平常溫和的口吻變成急促、嚴厲的督促，孩子就會知道自己可能做錯了。

我在念研究所寫論文時，因為壓力大，同時也會寫散文投稿抒發情緒。指導教授要我把論文和散文都給他看，結果教授在回覆時，在黃色便條紙上寫著：「尚瑞君，妳左右腦的發育不平衡。」這幾個字讓我看了膽戰心驚，居然讓教授連名帶姓地留言，用很輕的文字卻說著很重的話，我當然是痛定思痛地馬上發憤認真寫論文。

孩子沒做好或是做錯了，父母只要改變平常習慣相處的方式，孩子就可以知道自己可能犯錯了，父母透過適時糾正，告訴他們正確的做法，真的不需要打或罵來達到警示或威嚇的效果。

父母要養成跟孩子好好說話的習慣，不要用情緒教養孩子。家人有雙向穩定的交流模式，孩子才能在安全感具足的環境中，安心地學習與成長。因為我們家習慣長期跟孩子好好溝通與說話，現在兩個青春期的兒子，都有良好的思辨力與口說能力。

二、**自由是建立在自律的基礎上。**

「沒有規矩不成方圓」，孩子猶如一顆種子，要尊重他原本的質地，但不是放任孩子隨便成長。因為環境會對孩子造成潛移默化的影響。一個孩子如果小時候被狼叼去養，就會養成狼的行為，不是嗎？

要把孩子養成可以在群體生活適應良好與付出自我能力的人，當然就是要讓孩子遵守人的規矩與法則，讓孩子循序漸進地社會化。在家要設定家裡的規矩，在外面要遵守環境的規則。

每天都在成長的孩子，總是擺盪在依賴與獨立之間拉扯，但是規矩與界限，可以讓孩子明確知道，自由與獨立，都是要控制在有限的範圍內。要自由，也要同時承擔責任，孩子要學著把自己照顧好，用更好的自律能力來換取更多的自由。

現在父母最頭痛的事，大多和孩子使用3C產品有關。讓孩子做好該做的事，比方說寫完作業、做完家務，才可使用3C產品。使用時間到了，父母要和孩子一起停用，孩子才不會賴皮，覺得大人跟小孩間有雙重標準。如果孩子沒有相應的自律和自我管理能力，當然不能隨便開放3C使用的規定。

三、**保持孩子應變的彈性**。

孩子的世界不是只有讀書和遊戲，他還要學會好好照顧自己與家人，並對人付出愛和關心。多跟孩子分享看過的書籍、聽過的新聞，讓孩子在遵守家庭與社會規範的同時，可以保持應變的彈性。

不要讓孩子以自己為尊，要讓他們知道在不同群體中，有不同的角色需要扮演，如此才能適應環境的變化，和諧地融入不同的群體中生活。

像弟弟竑動在國三暑假發現家裡的燈泡壞了，我鼓勵他自己試著換換看。當他站上椅子把舊燈泡換上新燈泡，接著開燈測試時，我問弟弟：「你有沒有發現新燈泡特別亮？」

他說：「真的很亮耶！」

我說：「你要記得，是你讓燈泡變亮的，而且你比爸爸早學會換燈泡喔！真的很棒！」

以前，都是我在換燈泡。有一次客廳的日光燈管壞了，因為要用梯子才能換得到，先生剛好在家，才學會換燈泡。後來哥哥長得比我高時，我也教他換燈泡，現在弟弟也長得比我高了，讓他試試看，他也把燈泡換好了！多讓孩子參與家務，多讚賞孩子做得好的事情，根本就不需要打罵他們，也可以讓他們學會很多生活上的事。

在學著處理家裡發生的事，孩子不是也訓練了應變的機智嗎？

四、不要被孩子的情緒牽著走。

以前還沒有結婚時，聽到同事說：「現在的孩子太精明了，我女兒會跟我說，媽媽妳不能打我或罵我，我們老師說可以打113專線。我覺得明明根本是孩子在精神家暴我！」

現在有很多父母會覺得自己被孩子精神家暴嗎？答案是肯定的。

當孩子把你氣得半死，你暴怒地說：「我真的很想打你！」時，他們往往火上加油，還挑釁地回：「你打啊！你打啊！」這時候，即便會嚴重內傷，你也得忍住這口惡氣，因為真打下去，痛的是孩子，痛苦的是你，後悔的是你，要收拾更麻煩的善後還是你。

不讓歹戲拖棚的方法，就是千萬不要被孩子的情緒牽著走。當不能就事論事時，就先冷靜一下，離開現場，事後再來解決問題。這樣做也讓孩子看到了，父母在努力學著忍住與轉換自己的情緒。

每個人的內心，都是一個小宇宙，會不停地自己爆炸，但我們要忍受住自己的爆炸，而不去炸傷外界，這個自制與自律的能力，就要靠父母學著察覺情緒與轉換情緒，示範給孩子學習與模仿。

每一個孩子都是磨人的，但當他們磨著我們的耐心與抗壓性，我們也就被磨成了成熟與睿智的人。

孩子，是來幫父母的人生加分的，不要讓打罵的錯誤教養，讓親子的愛不斷扣分。如果你曾被打罵教育荼毒過，現在教養孩子的過程，就是讓你療傷解毒的時候。停止打罵，讓自己也變得身心健康。

想要孩子幸福，就給他溫暖幸福的童年

有幸福童年的孩子，可以靠著對童年幸福的回顧，餵養自己一輩子。相反地，童年有太多傷痕的孩子，卻可能要花上一生去修復童年所受到的傷害。

我們給孩子的原生家庭，是孩子一輩子最重要的資產，請好好善待自己的孩子，這也是善待你自己。

成長沒有回頭路，但成熟的我們，有能力去救贖在成長過程中受傷或陷落的自己。

教養不是誰說了算，父母要力挺彼此，管教同調

不要跟青春期的孩子比憤怒，最後輸的一定是父母。
想穩固家庭的序位，父母要隨時補位做成熟溝通的表率，
協助不穩定的青少年，往成熟穩重的自律自控邁進，
父母同心，能讓愛成為穩定家庭的定心錨。

在孩子剛出生的那幾年，家庭成員很自然會把重心放在如何順利養大什麼都還不會的孩子。孩子從出生後努力學習支配自己和控制自己，變成開始可以自己吃飯、可以在固定場所便溺，可以到學校上學等，父母像是完成了初階的任務。

在這段初階養育的過程中，都是以孩子為生活的重心，當孩子到了以自我為中心的青

春期時，家庭風貌又會如何轉變呢？

沒錯，你可能已經發現到，青春期的孩子往往以為自己最大，自己在家是老大，就是一副天大、地大、我最大的模樣。

但是等等，在一個家最初支柱與最穩固的支柱，應該是夫妻。夫妻關係，才是現今普遍存在的小家庭結構中最重要的關係。

你每天被進入青春期的孩子當情緒練靶場嗎？三日一小戰，五日一大戰地弄得家裡硝煙四起，有時候都會懷疑我們到底是家人，還是敵人？

在這個時候，要讓孩子知道「家庭序位」的關係。在小家庭中，父母要同心，才可以成為穩定家庭的力量，讓家庭好好運作。任一方傾斜到孩子那一邊去，都會讓教養變得力不從心。

在祐亨國二、竑勳小六時的暑假，多半跟兩個青春期兒子在家，雖然相安無事的時候居多，但難免還是會出現擦槍走火的一刻。以往為了讓戰火先消停，我總是選擇自己先冷靜離開。但有次我抓住機會，跟先生聯手替孩子們上了尊重家庭序位的一課。

那時，我剛插上電源線打開電腦，兩個兒子突然出現一片哀號的咒罵：

「妳開電腦都不會先說一下啊？每次都忘記！」
「害我又死了！」
「……」
「……」
他們兩兄弟在玩平板遊戲，我要寫文章，因為他們說開關電腦對他們的遊戲會產生干擾作用，我大部分在他們的要求之下，開關電腦時都會詢問一下，所以對於他們現在的指控，有九成是不實的。而且我為了今天的一時大意已經跟他們道過歉了，但他們卻連珠砲似地用言語進行攻擊。這一次我要用理性正面對決。
我說：「我只是今天開電腦一時忘了跟你們說，而且我也已經道過歉了，你們有必要說這麼多不禮貌的話嗎？」
大家在情緒不佳時，是不是都習慣翻舊帳來數落對方的不是，加強自己的委屈與控訴呢？
也許遊戲輸了真的很不爽，也許兩兄弟太習慣我的退讓與包容，他們反而毫不留情地劈里啪啦地亂說了一通，最後還說：「妳寫那些文章又賺不到錢，幹嘛要浪費時間？」
哇！戰火已經從就事論事失控成人身攻擊。

我說：「我在平台上寫文章雖然沒有賺錢，但是我寫的文章卻對人有幫助，對社會有貢獻。你們每天這樣玩平板電腦遊戲，會不會虛耗生命？是不是應該去做些對人、對己更有意義的事呢？」孩子雖然在失去理性下開始涉及人身攻擊，但我不想做無謂的反擊，而是要他們想想群己的關係。

這時先生從房間出來走到書房說：「你們不可以這樣跟媽媽說話、媽媽每次去演講時，還會把鐘點費分給你們，你們怎麼可以說媽媽沒有賺錢呢？而且你們出生的時候身上都沾滿了媽媽的血，媽媽那麼辛苦把你們養大。你們不可以這麼沒有禮貌！」

這回的親子衝突，我選擇跟孩子們正面對決，就是因為先生在家，而且我們私底下討論過很多次應對孩子進入青春期後的方式。不得不感謝先生的神救援來得正是時候，他適時點醒了孩子們要注意自己的身分與分寸。

平常先生都工作到很晚才回家，每次我受了青春期兒子們的氣時總在想，以前有經驗的鄰居告訴我，要讓先生出面護衛。因為兒子是異性，不知道女性的思維與角色，需要靠同性的爸爸來引領他們，才會體會媽媽的辛苦，才會知道媽媽是受爸爸保護的，不能把媽媽當成攻擊的對象。當父母互相敬重與保護彼此，孩子才會懂得尊重父母。

但青春期的孩子也不是省油的燈啊！他們立馬不甘示弱地加強聯盟與回擊，他們吼著說：「你們兩個現在是聯合起來欺負我們囉？」

咚咚！真的是會吼的人比較大嗎？

如果你用更大的憤怒回擊孩子，那你也只會被憤怒吞噬。

我極力控制住自己的憤怒與委屈，一字一句用嚴肅又清晰的口吻，壓低著嗓子緩慢地說著：「這本來就是爸爸跟媽媽建立起來的家，不是我們聯合起來欺負你們，而是我們用愛生養了你們、照顧你們。你們是我們含辛茹苦、呵護備至養大的孩子，可不是憑空長大的。沒有爸媽，怎麼會有你們？我不但沒有欺負你們，而是你們兩個常常聯合起來攻擊媽媽。媽媽總是忍耐與包容，但你們也不能太過分，違反大家要相互幫助、一起好好生活的原則。有什麼話要好好說，不能總是仗著自己在青春期，情緒不好就亂罵一通。」

孩子可能很久沒看到我這麼認真又嚴肅的態度和措辭，他們突然安靜了下來。有別於每次玩平板遊戲時總是很吵雜地又叫、又笑、又討論的。這時的靜默，像是彼此的心靈在做內心的扣問，想著剛才的言行舉止到底對不對。

他們應該是發現自己錯了，開始出現討好的表現，故意用親暱的聲音叫媽媽。這是過往親子相處的習慣，每次他們做錯事，我處罰過他們之後，一定會跟他們把前因後果說明白，然後抱抱他們達到親子和解。現在，他們主動在製造和解的契機，但我不想這麼早就讓他們以為沒事了。

我說：「媽媽現在不想跟你們說話！」

他們用撒嬌的口吻說：「媽媽，妳生氣可以生這麼久啊？」

我嚴肅地說：「對！因為你們總是把媽媽的忍耐與包容當成是理所當然的事。但是為什麼都是要媽媽去包容與忍耐你們？你們不能總是這麼過分地只想到自己，我們是一家人，家人是要互相的。你們自己好好多想一點，不能總是讓媽媽心累。」青春期的孩子絕對有自省的能力，但父母要讓他有練習的機會，讓他學著靜思與反省。

「忍」這個字，是心上一把刀，誰的心上承受著一把刀，誰的心都得淌血。孩子的忍，只能看著父母怎麼忍、怎麼轉化來模仿與學習，而不是都要父母忍。

當他們又在靜默到幾乎讓人窒息的空氣中，各自安靜了一陣子後，先生開口轉移話題打破沉默。既然神隊友發球了，我就接住球溫熱場子，用著柔和而有別於剛才嚴肅的口氣接話。接著兄弟倆也加入話題，一家人又恢復了往日的歡聲笑語。這次的親子和解沒有抱，但他們對父母該有的禮貌，瞬間又周全了起來。

青春期的孩子面對自己身心靈的紛亂，其實很需要父母提供讓他們能穩定下來的安全感。在那次口語交鋒後，他們開始會收斂發脾氣及亂說話的狀況，因為他們察覺了語言是有殺傷力的。孩子到了青春期如果沒注意，很容易在言語上到處亂挑釁，酸話、嗆話，甚至是粗話、髒話都會隨意說出口，如果沒有人提醒他們，他們還以為說這些話就能變成大人。

孩子在青春期，父母常常很辛苦，他們既無禮又無理的言行，有時是不小心，有時卻帶著存心的挑釁，不但常常會故意失控發洩能量，弄得父母遍體鱗傷，甚至搞到玉石俱焚也不害怕。但父母心也是人肉做的，被不斷無理地鞭笞久了，是會懷疑人生的。

青春期的孩子，是身心正處於混亂時期的能量場。他不僅要知道自己有很多新產生的能量，更重要的是讓他們學習如何去控制，控制住自己愈來愈壓抑不住的憤怒；控制住家人情緒混亂時快要不可收拾的場面；控制住不要讓家人的情感因為一次的爭吵而留下傷痕。

孩子不是不會，而是需要學習，而他們學習與模仿的對象就是父母。父母要用鋼鐵意志代替玻璃心，引領孩子學習控制住自己，並穩固家庭序位與價值。

現代孩子面對變化過於快速的世界，他們的資源雖然比我們以前多，但壓力卻也比我們以前重。尤其是青春期的孩子因為內在荷爾蒙的變化，跟外在學業壓力重與面對人生的徬徨，有時候脾氣會變得很陰沉或是暴躁。那個有時候是火山、有時候又變成冰山的孩子，不是變壞了，只是掙扎著在努力長大，他需要父母更耐心的引導、幫忙與等待。

如果孩子的表現太傷人，你還是需要溫柔而理性地提醒孩子，要注意人際之間相處的界線。即便是家人，也需要對彼此尊重與克制情緒，要學著做情緒的主人而不是當情緒的傀儡。

之前有一位讀者興奮地跟我分享，自從她吸收內化我的文章，試著控制自己的情緒跟青春期的孩子好好說話，孩子真的改變了！當時的情況只是孩子的語氣不好急著反駁，而孩子居然在事後會傳訊息跟媽媽道歉，這讓媽媽感動到馬上跟我分享。

孩子的心緒起伏似海，總有潮起，終會汐落。父母的愛也似海，總需包容，但終會接受。偶爾跟青春期孩子吵吵架、鬥鬥嘴，或打打鬧鬧讓彼此的壓力或情緒都可以發洩一下，無傷大雅。但是千萬不要辱罵或動手打孩子，那會傷害孩子對自我的接受與認知，讓他失去作為人的尊嚴，並且學會用暴力或逃避來解決事情。

當青春期的孩子常常拋出大人不容易接招的問題，又該怎麼辦？父母還是得想辦法接招與解決，以下這幾個步驟可以參考：

一、接受現狀也接受孩子的情緒：對孩子要先同理，他才可能也對你同理。
二、表達自己的想法，但要克制情緒：因為你要讓孩子觀看如何克制情緒。
三、適時轉換現場的話題，提醒孩子他是由父母所生養而不是憑空長大的：孩子一定要懂得惜福與感恩。但這不是天性，而需要溫和地點醒。
四、給孩子安靜與自己思考的時間：只有透過自省與反思才能真正深刻成長。
五、強調家庭的核心價值與家規：我們不想傷害孩子，當然也不想被孩子傷害。
六、用愛凝聚化解乖戾：爭執過後要讓氣氛緩解，畢竟，我們還是一家人。

多點溫柔耐心對待與示範給孩子看，孩子才可以模仿出耐心與溫柔來對待父母。但如果過去無法過去，但未來還一直來，我們要怎麼跟青春期的孩子好好相處呢？學會淨空與放下，每一次把事件處理完就要歸零，不要記著孩子曾經怎樣傷害過你，不要累積情緒垃圾。因為過去的要讓它過去，你才可以迎接嶄新的未來。在親子之間最美麗的語言，永遠是愛。

夫妻相處，是孩子未來經營親密關係的樣板

面對孩子的教養，父母的態度要一致，不要變成涇渭分明的兩派，讓孩子選邊站，這是夫妻自己在分裂家庭，是不智之舉。

夫妻是要牽手陪伴一輩子的伴侶，有不同意見時，要在私底下溝通，不要公然給孩子見縫插針的機會。

趁著孩子大了，夫妻也可以多安排兩人的約會，讓甜蜜的情意，把家庭關係經營得更溫馨。

投其所好，才能打開孩子的話匣子

家有青少年，親子有時候像是在平行宇宙。
要如何進入孩子的異次元遨遊，而不迷航呢？
投其所好，是效果奇佳的敲門磚，
用好奇與善意，搭建跨世代的溝通橋樑。

某個寒冷的冬夜，我正在看美國人民闖入國會大廈發生暴力衝突的相關報導，感受著美國民主最寒冷的一天。這時從圖書館念書回家的祐亨，慢慢爬上三樓來到我的跟前。

我熱情地問：「歡迎哥哥回家！很冷吧？你試過廠商阿姨今天說的那個功能了嗎？」

他冷冷地回：「我今天很忙，沒有時間測試，明天要考三科，我還沒有複習完，我有自己的學習進度。」

祐亨劈哩啪啦地說完一堆話，就回到自己的房間，留下我一個人獨自待在書房。

我們最近在試用一家數位教材，哥哥挺喜歡他們的課程安排，對方已經針對使用上的問題提供解答，要我們再測試看看。我在等孩子的答案，但我已經被句號了！怎麼辦？

當青少年給你畫上句點，家長就沒轍了嗎？跟青少年談話要投其所好，且抓對時機。

等孩子再度走到書房時，我說：「今天美國總統川普的粉絲，跑進國會大廈造成暴力衝突，還有一名婦女中彈身亡！」

他說：「真的啊！我看看！」他一邊看報導還一邊熱血地和我討論起來。

美國民主的寒冷之日，暖開了原本親子談話的句號。

接著我笑著問：「哥哥，你不是很忙沒時間嗎？原來你是選擇性的沒時間啊！」

他先是一愣後笑著說：「我當然對自己有興趣的事有時間啊！我等一下會試試啦！」

目的達到後，我們閒話了一下家常，隨後他進入房間。

不久後他對我說：「媽媽！我找到那個記憶影片的位置了！妳幫我跟阿姨說謝謝！」

青少年會「選擇性的沒時間」，就跟大人一樣。對不想做、沒興趣做的事，都會用沒時間來推託，對他們又氣又好笑的父母，可以找什麼時間與方式和他們溝通談話呢？

一、**先想好要談話的內容，但預留被孩子拒絕溝通的心理空間**。

青少年真的很忙，時間真的有限，你們彼此可以碰上面的時間更是愈來愈少。先想好自己要談話的內容，重點說一次就好。有時可以簡化成單字或用肢體語言來表示，不然就可能會被嫌是囉嗦、嘮叨、碎念等。

當孩子變成蛤蠣不說話，還是孩子只是嗯、啊、喔地敷衍你，又或是直接給你句號請你出去，可能是孩子正有其他事情鬧心，父母要預留被孩子拒絕溝通的心理空間。因為這是孩子當下的選擇，先尊重他，他也會學著尊重你。

二、**面對孩子不搭理，可以投其所好地先找話題**。

有時候青少年不是不想說話，反而有一肚子的話想說，特別是舞台感還很強的國中生，超愛刷存在感。要跟他們說話，只要投其所好。

不管是孩子喜歡玩的電腦遊戲、孩子喜歡的明星或戲劇、孩子喜歡的運動或是喜歡賺錢交朋友等議題。**你要了解孩子對什麼事項有興趣，用孩子喜歡的話題去開話，再適時地**

加入你的教養觀念或談話目的。

這些對孩子的觀察與跟孩子找尋對話時機的訓練，會訓練出父母的耐心與智慧。不要輕言放棄跟青春期孩子說話的機會，因為他們天馬行空的大腦，隨時可能帶給你新觀點和新發現。

三、怕忘記或不方便說時，可以用寫的。

人的記憶力有限，再加上可能遇上青春期孩子突如其來的情緒反應，會讓我們忘了原先想跟孩子說的話或想傳達的意思。如果能先把想說的話寫下來，尤其是有重要的事，可以自己先打草稿，免得跟孩子說話時被他們的情緒影響談話氣氛，而忘了說話的目的和用意。

有時也可以利用小紙條寫些溫暖鼓勵的話語給孩子。有一段時間，我每天寫孩子做得好的三項事情來記錄孩子的成長，那段時期，孩子們都特別認真地把自己能做的事做好。這一招對青少女特別有效。但同樣地，把鼓勵變成文字記錄下來給兒子看，也很有效。

有一個讀者聽了我的建議，也用記錄孩子做得好的事，念給讀小學的兒子聽，結果不但兒子每天都很期待媽媽念這些紀錄，連帶讓孩子的個性也變得積極陽光，使親子關係變得溫暖有愛，她很高興親子能有這樣的轉變而跟我分享並致謝。

四、保持談話的習慣，才能傳遞愛與關心。

噓寒問暖原本是家常，但父母詢問功課和成績卻變成是日常，才會讓青春期的孩子害怕或是討厭跟父母說話。

平常父母可以收集一些新聞時事或親友故事跟孩子分享和討論，養成親子聊天的習慣，這樣孩子在青春期跟你說話時，才不會覺得彆扭。

像是我們每天都會在碰到面時說說話，有時孩子累了或是心情不好，都可以透過一開始的接觸而觀察或感受到孩子的變化。養成談話的習慣對親子關係的經營，是健康又加分的方法。不要因為孩子到了青春期，跟你爆發過幾次情緒性的衝突，就讓親子變成最靠近的陌生人。

五、隨時關上嘴巴見好就收，為溝通設定底線如停損點。

青少年受荷爾蒙全身亂竄的紛擾，情緒說變就變。前一刻還跟你有說有笑，下一秒卻可能就憤怒或哭泣，這時你最好先關上嘴巴離開。不要急著想安撫或是解釋澄清什麼，先讓他自己冷靜一下，梳理情緒。要記得孩子的大腦還在發育，還不成熟，他還在練習控制身體的能量和接受與轉換情緒。

孩子給我們臉色看，我們已經夠可憐了，如果還反覆回想、怨恨、生氣，那我們豈不是自虐嗎？

為溝通設定底線如停損點，不傷害孩子，也不要傷害自己，就不要反覆回想孩子的出言不遜。**多想想他們可愛又貼心的時候，親子之間愛的存款才不會被掏空。**

六、記住孩子的地雷。

每個孩子的個性都不一樣，當孩子有明顯的情緒地雷、話題地雷，父母可以透過觀察做紀錄以求自保。先避免危險的發生，才是減少傷害的最佳方式。

青少年隨時會開戰，父母要有退場的智慧，記住孩子的死穴，也建立起心中的警報器，當誤觸地雷，就退場保命。

七、不要急著灌輸觀念，也不要心灰意冷放棄溝通。

青春期的孩子像是一座活火山，不知道什麼時候會突然噴發。但是父母不能因為害怕被孩子傷害，而關上溝通之路。孩子的思維要變得理性與成熟，需要成熟大人常常引領他對談與思考。

祐亨剛上國一時，午後四點多我騎上機車，送竑勳去上美語課。回到家裡，換下外出服，正在書房悠閒地看著書。

這時祐亨突然對我說：「媽媽，老師說聯絡簿要包書套，明天老師要檢查！」他把聯絡簿放在我面前。我一看聯絡簿比家中所有的書套都還大。

我問：「你要去買書套嗎？」

他說：「我好累，我不要去買，用舊的也沒有關係！」

我說：「這聯絡簿太大了，家裡沒有這種尺寸的書套，剛才媽媽送弟弟去上課時，你怎麼沒說要買書套？」

他說：「我忘記了。難道忘記是我的錯嗎？」

忘記，不是忘記的人的錯，那還可以是誰的錯？

祐亨陷入詭辯。為此，我們兩人唇槍舌劍了一番，其中有微怒也有微笑。因為跟青春期的孩子辯論，有時真的是又好氣又好笑，他們的思考邏輯不但常常不通，甚至還前後出現矛盾。但是我喜歡進行這樣的訓練與引導，讓他們去說、去想，去找出自己思考的盲點或錯誤，這樣才可以讓思維重組，發展出理性的思考能力。

最重要的是，在雙方辯論的過程中，我們會謹記一個原則，就是不能口出惡言，不能變成人身攻擊。我們只是在表達不同的意見，所以要彼此尊重。**雖說真理愈辯愈明，但跟青春期孩子辯的，其實往往不只是真理，而是誰對誰的愛更多一些。**

不用猜也知道，媽媽的愛，現在是遠遠超過孩子的愛！

我知道祐亨放學走路回家快二十分鐘，又上了一天課，確實是很累。所以我願意體恤他，退一步替他設想。於是我又換上外出服，帶上聯絡簿，騎機車去買書套。

一回到家，我先上了二樓，去廚房喝水。祐亨在三樓聽到聲響，用著熱情又撒嬌的口氣喊著：「媽媽妳回來啦！辛苦妳了，謝謝媽媽！」因為我正在喝水，所以沒有回答，他又喊了一遍，這時，已在爬上樓的我回應了他的呼喚。青春期的孩子，還是那個知道你愛他，他就會把他的感恩之情溢於言表的純真孩子。

我把書套和聯絡簿交給祐亨說：「自己包吧！下次學校有什麼事要配合，回到家就要說，媽媽忙了一整天也會累。你忘記，當然是你的錯，今天媽媽幫你把你自己犯的錯彌補過來，下次再犯這樣的錯，就要自己去彌補，聽懂了嗎？」

祐亨笑容滿面地說：「聽懂了，謝謝媽媽！」

從那場特別出門的買書套事件之後，祐亨學會檢視自己的上學用品，如果文具用完，他會先跟我告知要錢後，在放學回家時順路去買。

面對青春期的孩子，有時候，只能為了他們正在成長的面子及思維邏輯，禮讓他們一下。把當下的事情處理好之後，再把正確的觀念帶到後來的對話中，這是我跟他們相處的模式。

跟青春期的孩子說話，切忌批評與指責，因為他們除了會全力反抗和防衛之外，根本不可能聽進你說的任何話，那就成了無效溝通。面子，對青春期的孩子來說，比什麼都重要，所以當滿臉冒出青春痘時，才會讓他們那麼難過與擔憂啊！

如果親子雙方都為了自己的面子而堅持到底，或是僵持不下，那親子之情在雙方的拉扯與角力中，可能會產生裂縫，甚至斷裂。這樣不但解決不了當下的問題，還會造成親子之間的傷害與隔閡。相愛的時間都不夠了，又何苦互相傷害？我不做錯誤的時間投資與耗損，情願在當下先把事情解決，再把需要讓孩子知道的觀念帶入後續的對話中，好好地跟他們分享與溝通。這樣他們就既心服又口服，這倒有些「以退為進」的韻味。

孩子只要對事情有了正確的認知，他自己就可以延伸出相關事項的處理方式。不要小看孩子，他比我們還希望自己可以更成熟、更有處理事情的能力。但是父母要相信他、尊重他、支持他，常常跟他進行理性的溝通和訓練。

兒子女兒溝通方式不同，化成正向文字力量大

跟青少年溝通，重點只要講一遍，並簡化成單字說重點或用肢體語言表達，不然很容易會被視為嘮叨。

跟青少女則要聊心情、分享感情，讓她們感覺到關心，才可以讀懂彼此的心。母女可當閨密，但不能當姊妹。（說母女是姊妹，媽媽會心花怒放，但女兒會氣噗噗地急忙否認啊！）

但無論是對男孩或女孩，捨棄語言傳達而改用書寫呈現，一天寫一個孩子做的好事，都可以創造出親子都快樂的溝通效果。

是孩子做不好，還是父母吹毛求疵？

不要總是希望別人做事的方法跟自己一樣，這樣太缺乏彈性。
不要總是在心中先有了完美典範，這樣反而變成限制的框架。
其實我們不需要活得那麼嚴苛、那麼緊繃，
尊重差異和保留彈性，會讓親子脫離完美魔咒的限制。

你有沒有發現，當我們看見青春期孩子在玩樂時，總是會有股不安的感受隱隱竄流全身，讓我們感到浮躁與煩悶？或是當孩子要幫忙時，我們常常會不自覺地拒絕？

為什麼我們見不得青少年享樂於當下？為什麼我們不能放心接受孩子的協助呢？

經過孩子的提醒和自己的省思，我明白了這種不安的感受，來自於我們對未來的焦慮與自我設限的框架。我們害怕孩子浪費時間玩樂，而沒有把時間花在念書寫習題上，再加上對孩子能力的不信任，所以無法放手讓孩子做與嘗試。我們也擔心孩子平白浪費了為自己好好努力與負責的大好青春，或是我們還得花時間替孩子善後。

但當我們總是把思緒和煩惱，飄移到對遙遠未來的想像時，是不是錯過了當下可以學習到的機會與經驗？又是不是很害怕失去控制的感覺呢？

某天早上我把衣服在流理檯清洗一遍後放入洗衣機。拿起洗衣精，發現把手上黏黏滑滑的，才想起上次是祐亨堅持要幫忙把補充包的洗衣精倒入瓶子裡。

那次去大賣場買東西回家，當時讀高一的祐亨正要洗剛才外穿後弄髒的衣服。

他突然說：「媽媽，洗衣精快沒了！」

我說：「有補充包，我下次再弄，現在的洗衣精夠你洗一件衣服了！」

他說：「我幫妳倒補充包！」

我說：「不用了！我下次再倒！」我在客廳忙著整理剛才買的東西，心裡的警鈴響起。

他又再說一次：「我幫妳倒啦！」

過沒多久，他突然大叫一聲，接著說還好沒有浪費很多。

剛才我心中大作的警鈴，難道真的符合莫非定律？還是神奇的第六感有預知能力？我的情緒鍋在他大叫一聲時，突然沸騰起來。我在心裡想著為什麼我不希望他幫忙的時候，他就常常會出錯呢？

還好我覺察與控管情緒的能力，已經讓我在自問自答時按捺住心中小劇場的煩躁，沒有馬上衝過去指責或善後，而選擇繼續做我手邊的事，讓孩子自己善後。他收拾好後上樓回房間，我到廚房查看，把流理檯面上的所有東西都清洗一遍，把檯面再重新擦拭過。下樓進廚房喝水的祐亨看到我這樣做，淡淡地說：「媽媽，妳有時候是吹毛求疵。」孩子說的這句話，一直在我的心中迴盪。

在認真檢視生活時我們會發現，只要先生或孩子想幫忙他們沒做過的事情，我們就容易緊張，或容易焦慮，甚至直接拒絕，難怪我們常常身體累、心更累。

在上述事件中，孩子很努力地善後，但我還是把所有東西都清洗一遍，覺得這才是處理事情的方式。其實先生或孩子不是沒做，只是我們好像無法接受他們不是用我們覺得比較好的方式做事。

這是追求完美的偏誤。

媽媽的確很厲害，但她沒有超能力。我們總是在心中有著各式各樣的完美魔咒：孩子這樣說話比較得體、孩子那樣穿搭比較陽光、孩子這樣做事的步驟比較順暢等等，這林林總總的「我們以為」，其實都只是自己心中期待的假想與框架等，當孩子表現出來的言行舉止、做事方式或態度和我們期望的不一樣時，我們往往就會受不了。

一家人要一起和諧生活，一定會有一些家規與共識，但這不是二分法的極端，而是在一定的範疇中保有彈性。就像黑與白之間，還有無數的灰階色塊。

從我們誕生以後，我們一直在學習著控制。先從父母控制著我們的生活作息開始。慢慢我們學會自我控制與自我管理，長大後的我們，不是也急著想要擺脫父母的控制嗎？孩子也是這樣成長與思考的。

然而，控制只能是自己控制自己啊！沒有人想過著被別人控制的人生。

洗著洗衣精的瓶子，看著一顆一顆的小泡泡，在水流的沖刷中，閃爍著短暫卻繽紛的七彩，想著，我是吹毛求疵，但我幹嘛要那麼吹毛求疵呢？孩子只是想要幫忙，也只是想要證明自己能幫忙，他也知道怎麼做會比較好，但因為心急地想做給我看，反而欲速則不達。

事後我在和祐亨聊天時，他說：「那時我會急著想幫忙，只是想證明自己用一隻手也可以把補充包倒好，沒想到心太急就倒出來了。下次我會乖乖用兩隻手倒，因為善後要花掉更多的時間。」青春期的孩子總是想證明自己，但是當他證明自己的假設失敗，又可以從失敗中汲取經驗學習，這不是很棒的假設與驗證過程嗎？而且更棒的是，他還願意跟你分享心路歷程。

我們常常在心中有著「完美典範」，不容許他人出錯或違背自己的做事方法，我們沒有彈性，其實就失去自由；我們不夠柔軟，其實就學不會包容。

凡事總希望自己來，並不是你一定做得最好，而是你不夠信任別人。當先生或孩子做事的方法跟你不一樣時，也許你可以先讓他們試試看，也許新方式可以改變你的思考模式和做事步驟，讓你創新與進步。就像泡泡有著繽紛的七彩才顯得漂亮，就像大海容納百川才能成就其大，多釋放一點信任給家人，就像是多給自己一些欣賞家人的彈性和餘裕。

學會欣賞與不批評，可以讓我們跟青春期的孩子相處得更好；學會包容與保持彈性，可以讓我們對生活產生更多趣味與創新。

每一個人都有不同的喜好和能力表現，當然就會有不同的做事方法和步驟安排。父母能做的是，示範給孩子看我們如何做時間規劃，如何做事情的動線安排，如何和人保持連結，如何持續學習增進自己的能力與靈性的提升等，但孩子只需要參考，卻不需要複製貼上我們的步驟或方式。因為孩子的人生是他自己的，他要學習選擇與承擔。

要父母放下心中想要控制的慾望，其實真的很不容易，因為我們太害怕失控的場面了。我們總是希望孩子可以把出錯的時間拿來學習更多的知識與技能以增加競爭力，但卻往往忘記，犯錯也是一種學習。不要讓自己從慈親變成毒親，不是要持續想要控制孩子變成我們喜歡的樣子，而是要學著自我控制，放下自己完美的魔咒與框架，協助孩子長出他們成就自己的能力。

讓孩子開拓他的第一次

孩子不是要每時每刻都在念書寫習題才是用功。在中學階段的孩子應該要更深入學習和思考，自己在每個科目的吸收與理解能力如何？是不是可以連結不同的學科來運用？是擅長思考還是更擅長手作？是喜歡靜態的學術研究，還是喜歡動態地跟人連結和互動？

當我們可以拋開為人父母的自以為是，帶著信任與祝福去傾聽青春期孩子分享與陳述時，不是從權威中退位，而是進入新潮與時髦的開端。

青少年使用說明書

穿西裝還撐不起派頭，又不能擠進童裝，
國中生的內外在，都塗抹著迷惑與不安。
讓舞台感很重的孩子表演，偶爾也配合孩子演出，
那一段好傻好痴狂的歲月，會讓青澀萌出成長的路。

當孩子進入國中就讀後，他生活與學習的領域，就不只局限在學校和家庭。有些國中學生要搭公車或捷運去上學，放學後可能還要去補習班上課。孩子應該要在國中時期，累積更多跟社會互動和學習的機會，這些生活經驗，可以累積孩子的自信心和觀察力。

有些父母擔心國中課業太難，還沒開學就先讓孩子去補習，甚至補全科，這其實有點

揠苗助長。

雖然孩子進入國中在三年後要面對第一次的學習分流，但不同於我們以前選讀高中、高職、五專等，都要參加不同的入學考試。現在高中會考的成績，就可以同時選填高中、高職或五專。

也就是說，孩子只要參加一次考試，就可以選擇未來升學的路徑，對孩子來說是相對輕鬆的。

國中要學習做更多的決定，也練習把能力聚集，而不是急著把孩子放進補習班求安心。

我有一個朋友，他兒子剛念國中時，發現數學很難，跟媽媽說要去補習數學，補了一年，數學成績穩定下來。等到國二時覺得理化很難，就補理化不補數學了。

另一個朋友，女兒從小都沒有補習，也不像大部分的學生，都在小學三年級開始就在校外上英文。但是到了國中，她突然發現英文變得很難，跟媽媽說要去補英文，補了一年，終於跟上學校英文課的節奏，也就停止校外的補習。

有時候父母不要急。讓孩子先學習，等他有需要的時候再幫忙，這樣孩子才可以知道自己要什麼。不然當父母安排好了一切，孩子卻不想要這樣的規劃或是存心擺爛，又或只是去補習班交朋友而沒有認真上課，這樣不是花錢又浪費時間嗎？

國中孩子剛離開無憂無慮的童年，開始進入升學的競爭壓力，還要面對體內荷爾蒙的流竄，他們是一群辛苦又缺乏自信的孩子，特別需要父母溫暖與和善的對待，那我們可以怎麼陪伴呢？

一、讓孩子學習跟情緒和平相處。

國中孩子因為有很強烈的舞台感，所以常常會有很「狂」的情緒。在校有時候一言不合就會大打出手，甚至有人會失控尖叫、大哭。但他們很厲害，這些狀況往往只在下課時發生，等到上課鐘聲一響，學生們卻可以若無其事地收住情緒進入上課模式。

這些故事都是兩個兒子在國中校園裡遇到的狀況，當他們跟我分享時，我知道「義氣」是在國中同學之間最重要的一種力量。只是「情緒控管能力」在校園中還算收放自如，但在家裡孩子可沒對父母這麼客氣。如果你沒遭受過孩子的白眼，沒被孩子突然的狂風暴雨所傷害，大家還會懷疑你真的養過現代的國中孩子嗎？

他們失控的情緒，常常會向父母噴發。每一個家有青春期孩子的父母，很難不變成孩子情緒的練靶場吧？

如果說兩三歲的幼兒很「歡」，那十二三歲的青少年絕對是「很故意」。這兩個階段的孩子胡鬧時都只有一個目的，就是「測試大人的底線」。青春期的孩子需要「教與引導」，你絕對不需破口大罵，只要溫和而堅持，讓孩子知道父母的原則和他自己該負責的事。

教導孩子學習跟情緒和平相處，是父母必須釋放給孩子的善意。

二、在孩子面前恰如其分地表演該如何生氣。

在孩子小學高年級時，他們的情緒就進入青春期，常常會失控。

原以為對付過一個兒子，在弟弟也進入高年級後，會因為自己經驗老到而容易應付一點，結果：大錯特錯。

真是每個孩子都不一樣，即便都是你生的、養的，你還是無法精準預測孩子會變成什麼模樣。

弟弟竑勳在大家眼中、心中，都像是和煦的小太陽。以前小學老師都說他長大一定是好好先生。長大會如何我不知道，但在他長大的過程中，可是讓我歡喜讓我憂。

從小弟弟就很會逗我笑。長大中的他除了還是會逗我笑，還很會對我發脾氣。他發起脾氣是六親不認的那種，哦！不！不是六親不認，是一親不認。他只不認母親，只會對母親發脾氣。

為了不要拿過去痛苦的經驗來荼毒現在的自己，我往往會讓不好的事封存在過去，而鮮少去回憶。因為生命是有限的，在有限的時光中，如果只是反覆咀嚼痛苦，那不是自虐嗎？大家都要儲存美好和甜蜜。

甜蜜的回憶才能中和苦澀和憤怒，讓我們產生能量來演出必要的戲劇。

記不得那一天弟弟是如何挑釁，但他看得出來我真的很生氣卻隱忍未發，他還補一刀地問：「媽媽，妳明明就很生氣，為什麼妳不發洩？」

既然他都誠心誠意地請教了，我就「大發慈悲」地告訴他：「媽媽雖然很生氣，但是媽媽就是要做給你看。我們可以很生氣，但我們也可以選擇不亂發脾氣。只是感受到自己很生氣了，卻能夠選擇不傷害別人、不傷害自己，也不傷害物品，就是先跟自己生氣的情緒相處一下。因為生氣的情緒會來，生氣的情緒也會離開。媽媽很愛你，媽媽不想也不能在生氣的情緒時傷害你。」我一字一句用很緩慢卻很堅定的口吻告訴孩子，我們的愛有能力讓我們在生氣時選擇不傷害孩子。

愛出，必愛返；慈悲出，必慈悲返。

自從那一次懷著慈悲心演出如何控制自己生氣的力道後，弟弟終於開竅了。但也有可能是經由每次事後提醒和分析，讓他理性腦開始慢慢成長，而不是每次都讓杏仁核出來禦敵自保。青春期的男孩沒有玻璃心，情緒洩洪後就不再糾結，但他們還是會張開眼睛看、打開耳朵聽、用心去感受周遭的一切，這需要父母的引導和提醒。如果你不教導孩子觀察與深思，孩子只會覺得媽媽很神經質、太情緒化，這不是誤解嗎？

當孩子開始懂得收斂發脾氣時的力道和次數，我的春天就隨著冬盡而露出曙光。

三、設定開啟家庭歡樂氣氛的通關密碼。

你家有沒有通往歡樂氣氛的密碼呢？我們家有，而且這些密碼還會隨著孩子們的成長和生活經驗而變動。

這兩年因為受疫情影響，大家都開始叫外賣、外送。

那一天兩個兒子去警衛室拿餐食回家後，他們之中突然有一個人說：「態度有必要這麼差嗎？」當我正聽得一頭霧水時，另一個人則回嗆：「我有兇你嗎？」聽得我腎上腺素直接爆表，落入霧裡更看不清發生什麼事。接著兩個人卻很有默契地比著機車催油的手勢，還發出嗚嗚的聲響後一起說：「我欠你錢唷！」還做著把機車騎走的聲音和動作，最後是兩人發出一陣爆笑。

爆笑聲衝開了迷霧，我終於聽懂、看懂了！兩兄弟原來是在演戲。但他們的靈感或劇本是從何而來的呢？原來他們去警衛室拿餐食時，正好看見外送人員在社區門口演出上面那一段獨角戲。為什麼說是獨角戲呢？因為沒有任何一個人跟他對戲，當時那位外送人員邊說邊發動機車，然後就這樣騎出兩個兒子的視線。而把一切看在眼裡、把疑問存在心裡的孩子，一回到家就很有默契地演給我看。

這類無厘頭的笑鬧劇，偶爾兩兄弟就會來上一段，讓家裡總是掛滿星星般的閃爍歡樂。

歡樂有時盡，人生的苦難和試煉卻隨時會出現。

早上趕著上班上課，大家往往心情壓力都很大。那一天落著冬雨，要開車送孩子上學的先生催著快一點。我跑上三樓，進房間看國三的弟弟已經洗好澡出來。冬天正冷，我說：「我幫你擦背後的水！」

他冷著一張臉說：「妳不要碰我！」

我說：「態度有必要這麼差嗎？」然後比著騎機車催油的聲音說：「我有兇你嗎？」接著假裝騎著機車後回頭補上一句：「我欠你錢唷！」騎出房間又騎回頭，看見兒子在笑，於是又演了一遍。

我至於嗎？至於……

古代是老萊子娛親，現代哪一個不是更年期媽媽娛青春期孩子？因為我們比孩子更有人生經驗、更有智慧，也更懂得不要變成情緒的傀儡，而被情緒所奴役，不是嗎？真是兒子虐我千萬遍，我待兒子如初戀嗎？但其實有時是孩子們開啟歡樂密碼協調家中氣氛的，不然我生活能平衡嗎？

有一次弟弟又自爆發著脾氣（他其實都是玩電腦遊戲遇到豬隊友，才會發脾氣），哥哥突然從他的房間出來，走到弟弟的房間，拿出一隻絨毛玩偶給我說：「媽媽，把這個給弟弟，他心情會好一點！」

我把絨毛玩偶拿去給弟弟說：「哥哥說把這個給你，你心情會好一點！」弟弟接過玩偶，溫和地抱著玩偶，不但不再生氣亂罵，還開始說笑。家裡一下就從情緒煉獄變成玩偶天堂，多好，不是嗎？

教養不難，但生活有時候真的好難。難吃或好吃的外食都漲了又漲，一碗七十元的平價牛肉麵都漲成一百三十元了，我都懷疑自己吃的不是牛肉，是黃金。

哦！不！黃金更貴。這都是一隻病毒惹的禍嗎？你說人生到底苦不苦？

收集一些隨時可以帶給家庭成員歡笑的通關密碼，對紓解家庭緊張氛圍很有效。特別是對很容易板著一張臉，寫著「非請勿近」的青春期孩子，特別有效。因為他們戲劇感之強，跟人格分裂僅有一線之隔。

你問我無笑怎麼辦？要求無效退費嗎？當然不是！當然是「無笑先逃命」囉！一直逗不笑的孩子，只好再找他的通關密碼，多觀察什麼人事物會逗樂孩子吧！

那一天我這樣進進出出演了三遍，青春期的孩子臉上漾著笑出門上學。更年期的媽媽，因為歡樂細胞全開，像一朵綻放的玫瑰，邊唱歌邊做家事。你看，生命總是會找尋出路，讓自己蓬勃向上生長。要記得常常陪著孩子一起製造歡笑，就會百憂解。

四、鼓勵孩子探索志趣和檢視自己的能力。

國中孩子要一邊學習控管情緒的能力，同時要一邊探索自己的興趣和學科理解能力。以前覺得只要用功一點，一定都可以把書讀好。但經過這些年代課的經驗加上閱讀大量的書籍後發現，每個人都有不同的天賦，而這些天賦不一定都能反映在讀書考試上。

國中孩子在學校會做性向測驗，來分析孩子是研究型、藝術型、社會型、實用型、事務型、企業型等特質。同時也可以搭配他每次考試後的成績，來看學科學習掌握度。學校也會安排職業探索，可以選擇要參觀的科別，讓孩子接觸這些科別要學習的內容，以便對自己和社會進行更深層的互動和連結。再搭配孩子內心的想法和企圖，聚焦於未來要選擇高中、高職還是五專繼續升學。

高中、高職、五專，是不同的升學制度，需要不同的人才。孩子在國中階段，可以進行初步的探索，看自己未來適合走的升學道路。如果孩子有外顯的特殊專才，如體育、美術、音樂等，也是未來升學可選擇的路。

在性向探索的過程中，讓孩子肯定自我的價值，是有能力念、喜歡念才去那個科系就讀，而不是因為考不上更好的，只能被迫就讀。不要讓孩子覺得，因為考不到好高中，才屈就去念五專或高職，這是比較健康與提升孩子學習意願的路徑。

五、陪孩子設定比自己能力還高一點的目標。

每個人都可能會在考場上失常，所以目標不能設得剛剛好，一定要比自己的能力更高一點。那麼即使會考時出現小狀況，還是有可能考到預期的目標。

像哥哥在高一時，跟幾個國中同學聚餐時，他們都提到有點後悔沒有早一點設定目標，對自己沒有太多期許。在國三時，還花了太多時間玩電腦遊戲，只想著考到哪裡就讀哪裡，最後都覺得自己考得不理想。

設定目標，當然不能憑空想像，以為愈高愈好，這是虛假期望；又或是設定低於自己能力的目標，變成放棄進步。而是要設定一個比自己能力高一點的目標，善用「I＋1理論」（我在《剛剛好的管教》書中第四十一頁曾解釋此理論），督促自己挑戰更長遠的成長與進步。

六、考試重要，規律生活與有感生活更重要。

進入國中，孩子每天都要面對不同的考試，但身體健康才是走長路的最佳配備。不要讓孩子熬夜苦讀，不但效果不大還會傷身。

提醒孩子上課要認真，有不懂之處可以詢問老師或同學。把每一次考試錯的內容都弄懂、學會。在家要保持規律的生活和適度的運動，還要注意新聞大事，才能讓生活跟社會產生連結。

在高中會考前，孩子會有很多的大小考試、月考、模擬考等，成績有起伏是正常的。我們都只是平凡人，又不是電腦，把資料輸入後就可以永久存取。每個人都會遺忘，當孩子的成績出現起伏不定時，他的情緒可能也不穩定了，這時要多鼓勵孩子，把學習的小洞補起來，把不會的學會，千萬不要一味責怪孩子，落井下石。

現在連學校考題都變得靈活，考題又長，孩子要可以快速閱讀產生連結，才容易看懂題目並且解題。

在平常生活中要常常跟孩子互動，偶爾可以幫孩子按摩一下，既可以放鬆緊張與疲憊的身心和壓力，又能拉近親子的情感和聯繫。有空可以陪孩子複習學校學習的內容，協助他把學校學習的知識盡量跟生活或社會產生連結。這樣不但有助於提升對學科的理解，同時也可以讓孩子多了解社會的運作模式，以及發現自己喜歡與關注的事項，藉此養成孩子深層的內涵。

七、關心孩子的交友狀況。

哥哥祐亨在國一時曾說：「上國中後要先交幾個好朋友，才不會被霸凌！」

在國中階段，同學朋友的意義和影響力，其實都比父母來得大，你應該聽過孩子說：「我同學說……」「我要跟同學去吃飯……」等等把同學掛在嘴邊的日常。

不要懷疑更不要傷心，當進入青春期，在孩子心中父母很難是第一順位。

朋友很重要，但更重要的是，父母要關心孩子交些什麼朋友，平常都和什麼人往來。基本上在現實生活中不認識的朋友，如社群裡的網友等，建議孩子不能相約見面，因為風險無法評估。

孩子想要帶同學、朋友來家裡玩，如果環境允許，這是很好的安排。這樣不但可以借機觀察一下他們的互動方式，也可以滿足孩子交朋友有自己選擇與負責的能力。

我的兩個兒子都會帶同學來家裡玩，偶爾也會在家叫外賣。但大部分的時候，他們玩一玩都會去外面吃飯，飯後可能會再來家裡玩一會。

青春期孩子真的很在乎朋友。不要都把孩子關在家裡不讓他外出，要記得滿足孩子想冒險的心，讓他們可以選擇安全的冒險。

像兒子們之前就讀的小學有一個不成文的有趣習俗，他們往往在畢業典禮這一天，一群一群的畢業生會相約，一起走路去火車站坐火車，去新竹逛百貨公司。這像是小學畢業生告別童稚的成長儀式，證明他們不需要靠大人，而可以跟朋友結伴去探奇，去觀察與親近這個活生生的社會。

不要害怕孩子的人生會遇到挫折或轉彎處，人生轉幾次彎並不會浪費生命。只要每次都認真面對自己的課題，所有走過的路，都會滋養孩子的生命。如果抱著得過且過而混個文憑的心態，才是虛耗青春。

國中升學考試只是其中一個篩選的過程，不是決定未來生死的斷頭台。雖然要謹慎面對，但也不要讓孩子活成驚弓之鳥，失去對生活該有的欣賞與品味，更不應該變成親子拉扯權力的擂台。要協助孩子對自己的生命進行認真的扣問，他才會愈活愈認識與了解自己。

當孩子的定心錨，陪他走穩不安的路

如果有哆啦A夢的任意門，有多少人會想回到國中時代呢？好成績不能代表好未來，青澀的戀情可能還沒萌芽就枯萎，沒有任何一件事可以確定，就這麼走向長大。但有時候卻又會害怕長大以後呢？這就是國中生常常被認為白目的尷尬，進退都失據，因為要與不要都難，所以容易卡住。

多一些愛與關懷給國中的孩子，那是最容易疑惑與走歪變壞的年紀，釋放出溫柔與善意，讓孩子感受與相信：父母會「陪在我身旁」，不管表現是好是壞，他們都是我的力量，會接住我。

追求刺激是天性，讓孩子安全地冒險

孩子的情緒表達雖然狂放，但孩子可以教、可以學，
這些都需要大人的引導與示範。
把青少年當成大人對待，
讓他用理性說服你，可以從事安全的冒險。

在青春期階段，孩子的大腦發育有一個特色就是「不平衡」。掌管情緒的杏仁核在青春期時已經發育得很好，但是掌管理性的前額葉卻還未成熟，所以孩子的腦內發育步驟不平衡，連帶也影響到行為表現的違和。

杏仁核負責調節情緒和掌控身體反應，會讓人注意到在經驗中最重要的細節，如父母

怒罵孩子，孩子只會記得父母生氣時讓人害怕的樣子，卻不會記得他們為什麼要生氣，也聽不進父母要教導糾正的事。

此外，在面對危險的狀況時，杏仁核也可以出現應急反應，看當下是要挺身而戰還是轉身逃跑。當孩子小時候被父母怒罵時，因為年幼只會想要逃跑；但在長成可能比父母還高大的青春期後，面對父母的怒罵，他可能會咆哮得更大聲，因為他覺得自己強大了，要為自己挺身而戰。

所以，不要用打罵來教育孩子，那會讓孩子的杏仁核一直處於過於活化的備戰狀態，也會壓抑孩子前額葉的理性發展。

家有青春期孩子的家長很辛苦，要常常忍受孩子激烈的情緒反應，但孩子的理性可以藉由引導與訓練來發展與強化，而不只是坐等孩子的大腦成熟。因為不訓練與引導，只縱容杏仁核先跳出來做反應，即便是身體和大腦都成長為大人，還是不會處理情緒問題。要讓孩子察覺認知與接受自己的情緒反應後，才可以進一步教孩子學習在察覺與接受情緒後，選擇比較友善的方式抒發與表達。

祐亨在國三那年跟我說：「媽媽，我想去同學家烤肉跨年，我們要先買烤肉的東西。」我說：「好，要注意安全！」同時也問他有哪些同學參與這個活動，因為之前他們是在家跟我們看電視跨年煙火的播放。

在要去跨年烤肉的當天，祐亨同學的弟弟跟竑勳同班，他邀請竑勳一起烤肉跨年。於是那一夜兩兄弟結伴踩著夜色去同學家迎新年，等到跨年時間一過，他們玩盡興了，就回家梳洗睡覺。

隔年跨年夜，在縣政府舉行跨年晚會，兩兄弟分別跟同學相約要去參加，那時不但寒流來襲，延燒一年還沒有消停的新冠疫情又拉出警報，我跟他們確認還是要參加跨年晚會嗎？他們說會帶手機參加實名制的晚會，等看完施放煙火就回家。

因為跨年晚會也不是每年都會在縣政府前舉行，雖然這是孩子第一次要和同學參加跨年晚會，但平常已教會他們如何保護自己與注意觀察周遭的人事物。只要他們穿得保暖，照顧好自己，可以平安回到家，就讓他們安全地冒險一次，又有什麼不可以呢？

孩子杏仁核對外界的刺激不是每一項都有反應，而是他有興趣的事情才會讓他興奮，如果孩子有興趣的事都被大人阻止或否決，其實會讓孩子一直處於被拒絕與被否定的壓力中，而更不能平衡。這不但會讓孩子變得更暴躁或叛逆，甚至也連帶影響學習成效與穩定性。

當孩子受到外界視覺、聽覺、觸覺刺激等訊息進入杏仁核形成壓力時，為解決壓力，那些訊息會經由兩種途徑去處理：

一、杏仁核把壓力訊息傳達到海馬迴，在舊經驗中找尋鏈結，並且把連結的訊息傳達到前額葉做邏輯分析判斷後，再回傳至海馬迴儲存成記憶鍊。這是一個理性的路徑，讓孩子在理性的經驗中讓理性發展得更深刻，學習解決問題，讓能力成長。

同樣地，如果孩子提出的想法，父母都予以尊重，這樣孩子在過往經驗連結中，一直感受到父母的信任與支持，才會更願意跟父母說心中真實的話。

二、杏仁核會直接把壓力訊息傳達到下視丘做情緒反應，而沒有經過前額葉，這樣孩子的腦只能做出本能的情緒反應，卻沒有讓前額葉有思考、活化，而達到訓練解決問題的能力。一如受打罵教育的孩子，常常被打罵只想要逃跑，既學不會原本該學的事，又壓抑了理性的發展，這對孩子的腦部發育，根本就是嚴重的暴力傷害。

當孩子跟父母說的事情都被否決，那麼想做自己的青春期孩子，就只能一直變化說話內容來測試父母，這樣不是把孩子推上說謊之路嗎？

父母千萬不要變成把孩子養壞的推手啊！

孩子的大腦一直處於發育狀態，要給他適合的刺激、引導與肯定，他才會多使用理性的那一個區塊，而不是只能單純做情緒反應。每一個人都有情緒，都會有喜怒哀樂，但是會敏感察覺與轉化情緒的人，自然可以把自身的能量盡量用在學習與自我提升上面，而非總是讓自己處在混亂中憤憤不平。

不是每個孩子到青春期都一定會叛逆，這端看親子之間平常的相處與教養方式。如果孩子的情緒能被妥善地引導與學會表達，在青春期初期的荷爾蒙剛經過混亂之後，孩子慢慢會穩定下來。反之，如果每一次外在的壓力來襲，孩子都只能用情緒來反應，將錯失前額葉邏輯活化的機會，這會影響學習能力，甚至造成學習障礙，形成學習低成就的事實。

青少年喜歡刺激，讓孩子安全地冒險，這對孩子的學習與自信養成有正向的幫助。如果你會擔心，那就讓孩子用理性的方式說服你，不管他是要用說的，還是要用寫的、畫的，都要符合下列的條件：

一、不會違法亂紀。
二、不會傷風敗俗。

三、不會傷害其他的人事物和他自己。

四、只要方法可行，他又可以評估與控管風險。

五、能用理性說服家長。

如果符合這些條件，就可以答應孩子冒險的要求，讓他成長的版圖，每次都可以向未知的外界擴充一點點，他才不會急著想逃離父母管轄的領域。

在「好的冒險」中找到歸屬感

很多刑事詐騙案件破獲的車手、打架圍事與頂替認罪的，都是未成年的孩子，因為他們喜歡追求刺激與認同，卻在尋找歸屬感中誤入歧途。

父母要多關心與協助孩子理性思考，讓孩子了解冒險有分「好的冒險」和「壞的冒險」，在滿足飛揚的青春想狂飆的念頭時，不致留下一生無法彌補的悔恨。

孩子的情緒風暴就像發燒，你的愛能增加他們的抵抗力

青春期孩子每一次發作的挑釁風暴，
就把它當作是場發燒，
讓親子在解熱的過程中，
一點一滴增加愛的抵抗力。

我的兩個兒子，都是從小五開始進入情緒青春期的，他們火力全開，快速衝撞我的言語耐受度的極限。他們起伏很大的情緒還在學習察覺與控制，但又想測試父母的底線和耐受度，所以很喜歡在言語上衝撞父母。

然而當孩子情緒驟起時，很多時候都跟父母無關，所以不要急著對號入座，先抽離保命。父母要了解孩子的內部矛盾與衝突，才不會變成孩子情緒的練靶場。

哥哥祐亨小五時，有一次在情緒與口語上跟我產生衝突，他說話的分貝愈高，我說話就愈溫和；他說得愈急，我就讓語調愈緩慢。因為我知道，身心正在急速發育的他，有時會控制不住自己，我也控制不住他。但是我忍住要爆發的火氣，用溫和理性的態度接應。一方面向孩子們展現愛，另一方面是親身示範給孩子看如何控管情緒。因此，我盡全力地、努力地，控制住自己。

但是剛進入修練，道行還是不夠，真的被罵到有些傷心了。我自言自語地說著：「就當是我的業障，我會好好修行的！」哥哥沒有再接話，我們都沉默地做著自己的事。

當我看著報紙時，祐亨突然又開啟了話題說話，我知道這是過往親子相處習慣中，他尋求親子和解的善意。我接住這份善意開始說故事，說起自己嬰幼兒時期因為窒息被父親救回兩次的事，然後又提到父親第一次回大陸探親的歷程。

我說：「外公在不到二十歲時，就去參加對日八年抗戰，離開了父母，然後大陸變成共產黨的，兩岸從此不相往來。等到民國七十七年開放去大陸探親，外公已六十六歲。回到河南時，他的父母卻已相繼過世。親友告訴他，他的母親在過世前一、兩年，不管是什麼東西，她都會翻開來看，連棉花也不例外，我的爸爸跟我說：『那是我的媽媽在找我啊！』」

說著說著，我的眼淚就忍不住流了下來，兩個兒子的眼睛卻閃著雪亮的神采，等著我繼續說下去。平復一下自己的情緒後，我接著說：「你們可能永遠也無法體會，當一個母親開始孕育一個新生命時，是多麼期待又擔憂。那份牽掛，至死方休。我的奶奶跟我的爸爸，分別了幾十年，都不知道彼此是生是死，奶奶在死前，只想再看看他心愛的孩子。所以她一直在找，但終究什麼也沒找到，最後她帶著遺憾往生了。那是戰火下的悲歌！」

這時祐亨突然說：「媽媽，但妳剛才說我是妳的業障！」原來，我哀戚的自言自語還是傳進了他的耳裡，他充滿疑惑的雙眼顯示他除了想尋求和解，但更想釐清在媽媽心中的愛是否穩固。我站起身去抱著他說：「對不起，媽媽剛才亂說話了！因為你一直罵媽媽。媽媽很傷心、很難過，也會想要防禦、想要反擊，所以就失去控制。你是老天爺送給媽媽最好的禮物，媽媽很愛你，永遠很愛你。你是一個好孩子，但我也是一個很認真的好媽媽，可以當媽媽的孩子，也是你的幸運。不要再亂罵媽媽了，媽媽的心，也是會痛、會受傷的！」

這是我跟祐亨在口語上最嚴重的一次衝突，經過上面故事的分享，我們不但達到親子和解，祐亨也再次確認媽媽對孩子的愛始終如初。在日後也減少與降低了亂發脾氣的次數和力道。

願意跟孩子承認錯誤與道歉的父母，並不會被孩子瞧不起，反而教會了孩子，大人在犯錯時會自責與反省，並且修補錯誤。懂得有樣學樣的孩子，怎麼可能學不會認錯與改正呢？

青春期的孩子在爆發情緒時，聽不進你說什麼，但會看你怎麼做。

想要避免家裡隨時戰事一觸即發，要先在平時跟孩子建立好關係，養成固定溝通和分享的習慣，而且多觀察與記錄孩子的地雷區，以免誤闖遭殃。平時也要常與孩子分享青春期的發育進程，適時提醒孩子注意與察覺自己的情緒變化。以下是我的做法：

一、**學會閱讀孩子的表情和心情**。

孩子的喜怒哀樂其實都會形於色，當你發現他一臉不開心地回家，又對你的關心愛理不理時，你可以先讓他的胃接受你的愛與關懷。讓孩子吃點東西，用食物溫潤孩子的身體，當身體有能量時，才能把心裡的重量搬運出來。

二、安靜離開，傷人的話別當真。

當青春期的孩子情緒被挑起，你除了同理之外，已經沒辦法像孩提時抱抱他，給他安慰和安撫就可了事。這時，心裡最好想起「我是不是該安靜地走開」這首歌。**相信我，趕快安靜地離開情緒失控的孩子準沒錯！**

如果你試圖擁抱或口語安撫，他都可能會毫不留情地要你滾，不要碰他，無論多惡毒、多難聽的話，他都會不假思索脫口而出。所以，不要再唇槍舌劍地自取其辱，這不是訓練口才的時刻，只會造成親情的大破壞。

當孩子情緒失控時說的話，就讓風吹走，別往心裡藏，更不可較真反覆思量。如果不小心聽到時，也千萬不要憤怒或是傷心。說真的，你應該要同情他，因為他們控制不住情緒，其實也很痛苦，讓他火爆地發洩完，他自己也會好。就先不要打擾，更別提什麼道德倫理、禮貌教養這些價值觀。

但是，平常可跟孩子分析青春期發育的進程和表徵，讓孩子知道他將面對什麼樣的成長挑戰。也可以跟他說，當情緒失控時，試著想想，就像是自己遇上了紅燈，在紅燈前要停下來，等待。多練習與多溝通慢慢就會看見效果。

後來，當哥哥無法按捺情緒，開始顯露不悅或是不耐煩時，我有時會試探性地說：「哥哥，你的杏仁核又在發育啊？」聽到這句話，他就明白我的意思，他會收斂情緒，和我好好說話與溝通。

當弟弟也進入情緒青春期時，哥哥已經很會察覺與控制自己的情緒，所以有時還會問正在火山爆發的弟弟說：「弟弟，你的杏仁核在發育啊！」「杏仁核在發育嗎？」這句話就像是變成一個提醒和暗示，幫我們先按下暫停鍵。不但提醒大人，孩子的大腦還在發育，有時候忍一下、讓他一下，他慢慢會好。同時也是暗示孩子，成長發育有進程，在察覺情緒處理情緒後，要練習讓理性出來。

每個家人每天都會有很多情緒，彼此可以理解與包容彼此不同的發育進程是必需的，像我慢慢進入更年期，孩子對我的理解與支持也在同理更新中。

三、**溫和但堅定地堅持家規**。

每家的家規不同，可以依照孩子不同的年齡階段與需求等做更動，但是家人都得遵守。當孩子愈火爆，你的態度要愈溫和，說話放緩，但聲調要堅定。這很不容易，然而我們是大人，教養孩子本來就是辛苦又甜蜜的修行。你控制得住自己的情緒與脾氣，才可以走進青春期孩子脆弱卻需要幫助的心，不然亂發脾氣根本就是暴力。

不要讓火爆或冷漠的家庭氣氛，把孩子推向外面發展。與其讓孩子誤走迷途而必須花更多的時間去矯正，倒不如我們控制好自己。

四、平時多分享自己及親友的成長故事。

在休兵的養精蓄銳時期，一定要收買孩子的心。多跟孩子分享自己及親友的成長故事，女孩還可能喜歡聽父母的愛情故事。

此外，也可以把家庭裡的狀況，都跟孩子分享，把孩子當個大人來看待。可以詢問他的意見，尋求他的幫忙，讓他覺得在這個家，能貢獻心力，而且是被需要的。這些才是真實的生活。不要再只想著要保護孩子，讓慢慢長大的孩子，也學著保護我們、關照我們。

青春期的孩子，有能力付出他的愛與關懷，幫忙做家事、幫忙採買、幫忙煮飯燒菜切水果，這些都可以跟孩子一起做，甚至放手讓孩子做。當孩子愈有能力與自信，親子的關係就愈好。

五、在不違法亂紀的前提下，放手讓孩子冒險。

哥哥小二時，開始自己走路上學。小四時跟小二的弟弟，開始騎單車去買東西。小六時，可以跟同學從竹北坐火車去台北逛西門町。在這些獨立的行動中，我都會告訴他，要注意自身的安全，媽媽在家等他回來，分享路上的經歷。

在小六時哥哥問我：「媽媽，我想在寒暑假和同學去日本自由行可以嗎？」我說：「好啊！只要你自己找到旅伴，自己規劃好行程，自己存好旅費，能確保自身的安全，媽媽支持你！」

信任孩子，是對孩子最大的尊重與肯定，同時也是對他生命的祝福。雖然他後來沒有成行，但在他小學畢業我們全家去日本自助行時，哥哥很會看地圖、找路、轉乘。他不但是我們在自由行時的最佳導航，同時還帶著弟弟一起看與學。

在孩子想冒險的同時，他自己也會評估風險。這個世界並不是溫室，讓孩子學習評估與控管風險才是重要的事。

六、強調「一家人」的觀念和價值。

青春期的孩子雖然想脫離對父母的依賴，但他最愛的還是家庭的溫暖和關懷。要強調家庭的核心價值，讓家人喜歡回家。

從小我就跟孩子強調「我們是一家人」，要相互幫助，不管是小時候父母照顧他們，還是他們小學時可以幫我把代課的資料拿回家，我們都是互相付出自己的心力，努力讓家庭更好。

當他們開始覺察自己正在經歷青春期的腦內風暴與身心劇烈成長時，我們還是要互相幫助，讓彼此依然可以學著好好相愛與相處。

七、管教要從嚴到鬆，愛要緊密如初。

我們要慢慢放鬆對孩子的規範或是限制，讓他對自己的人生負責，學會掌握自己的生活，控制自己的情緒，逐漸做一個成熟的人。

當他踰越了界限，要用溫和的語氣適時提醒他。但對孩子的愛，卻要綁得更緊，用更明確的行動和語言來告訴孩子，我們是深愛著他們的。不管他們變成了什麼模樣，父母的愛都不會改變，一如既往的緊密與細緻，而且會一輩子祝福他們。

只要孩子可以感受到自己是被深深地愛著時，他會珍惜自己的生命，珍惜自己的光陰，而不會花太多的時間來挑戰或測試父母的愛。這樣孩子才可以把心力放在學習與成長上面，勇敢地走向他自己的人生大道。

青春期初期孩子的情緒極度混亂，狂喜、狂怒、狂悲、狂發神經，甚至用「狂」還不足以形容。我們要拉開相處的距離，才能產生欣賞的美麗，也才有可能再拉近心的距離。

治療青春期症候群，讓愛增強免疫力

當孩子在青春期時，每一次發作的風暴，就當作是一場發燒。在發燒時，身心都是不舒服的，但也只能一邊讓身體發燒，一邊找出原因治療。

而且，他們並不會天天失控。在沒有誤踩地雷或誤觸引信時，他們還是那個體貼、可愛、懂事、和善，並且帶給我們快樂的孩子。

誰可以先開始改變，讓家變得更好？

關係對人的影響深遠，但為什麼大部分的人都希望對方能先改變來讓關係變好呢？當我們等著別人改變來讓我們變得幸福時，不是變成只是被動地等待幸福降臨嗎？主動出擊，主動創造自己想要的幸福，快樂就可以源源不絕地生產與供應。

生活，是一首歌。期間的抑揚頓挫，會讓孩子的成長更扎實而豐富。孩子跟在父母的身邊學習社會化，也學習日後獨立生活所需要解決問題的能力。其中情緒與情感的正常流動，就是滋養孩子內在能量的發電廠。

有天高二放暑假的哥哥祐亨說中午不在家吃飯，不用準備他的午餐。快到中午時，他從健身房運動回家說：「好餓！好累啊！我先去洗澡。」

過沒多久，先生買好午餐回家，我敲了祐亨的房門後進去說：「爸爸買午餐回家了，看你要不要吃好了再去圖書館念書。」

等祐亨下樓到餐廳吃飯時，先生驚呼：「不是說小亨不在家吃午餐，要我少買一點嗎？」

哥哥哀叫：「是媽媽叫我來吃的，我還取消了跟別人的約。現在到底是要我吃還是不吃啊？」

先生驚慌的矛頭指向我，哥哥疑惑委屈的箭也射向我。我、我、我、我一瞬間啞巴吃黃連……

孩子、先生跟我的情緒，突然間像是被打散的五味罐，全部百味雜陳地攪和在一起，隨著夏日的高溫，很可能在本位主義的防衛下，演變成失控的攻擊與破壞。不怕念起，但怕覺遲，還好我的情緒覺察馬上甦醒，我知道現在先做解釋就像是認定自己是對的而對方是錯的，但「爭對錯或論輸贏」這不是我要的，我要的是我們都可以知道其實都在「為對方想的心意」有被正確地傳達與理解和接收。

那我可以怎麼做呢？我先退一步示弱，示弱其實是示好。

我輕聲地說：「小亨，對不起！媽媽不知道你跟別人有約！」

祐亨聽到我說對不起時，馬上用很溫柔的聲音回了一聲：「沒有關係啦！」

當孩子聽到媽媽的道歉，也知道他為了滿足媽媽的期待，更改了自己的行程被接受與理解後，便恢復了冷靜。冷靜後的孩子也有理性去聽媽媽後面說的內容。

我接著慢慢說：「爸爸今天確實買得比較少，他是擔心不夠吃，但媽媽也有準備，家裡食物不會不夠吃啦！而且，因為你一進門就說好餓，而爸爸剛好在你出門前回來，媽媽才會叫你先吃，卻不知道你之前有約了！其實我們都只是在『替對方著想』，不是嗎？」

祐亨用肯定的語氣說：「對！謝謝媽媽！這樣我知道了！」

當原先的「替對方著想」沒有被正確地傳達、理解和接收，卻因為情急而急於解釋，反而會讓防衛變成攻擊，讓對方誤解成你是在傳達「都是你的錯」的指責，這樣不是雙方都委屈，也很傷害彼此的關係嗎？

我們平常要用平緩而冷靜的態度，跟孩子談談他的想法。跟孩子溝通的音調很重要，我們如果沒有意識到自己說話的態度與音調，常常會讓孩子誤解我們的情緒，比方說，孩子遲歸，父母大多是恐懼和擔憂的，但在看見孩子平安歸來時，擔心的情緒瞬間會轉化為憤怒，說話又快又急又聲調高揚。孩子往往會以為父母在生氣，但其實爸媽更多的是擔心和害怕，害怕孩子出事，但連珠炮似的提問，讓孩子只感受到父母的怒氣。

這些因為說話音調和態度的影響，往往造成親子之間的誤解與溝通不良。父母要和孩子交談時，可以先微笑一下，讓臉部線條輕鬆一點，這樣孩子才不會心生警戒，擔心你會罵人。

一個家庭裡只要有一個人改變了，家庭的氛圍就可能改變，要別人先改變容易，還是自己先改變比較容易呢？我們都有選擇權的，不是嗎？

讓家成為真誠、善良與美好的起點

溝通是門藝術。溝通不僅要看說話的內容，還包括表情、聲音、節奏、語調、肢體動作等，這些都影響一個人在溝通時的態度，是活生生的情緒在交流與互動，也是非語言溝通的一部分。

讓我們從注意自己溝通的方式開始改變。如果其中一個人變好了，整個家都會變好；讓自己變好，也能讓家人更好。家庭裡的氛圍，就可以慢慢轉變。

第四章

青春期的親子關係，比管教更重要

不越界，也不疏遠，保持剛剛好的親子距離

青春期孩子的肖像權和隱私權，是親子關係的引信。
給孩子管轄自己的權責，讓他負起照顧自己的責任；
多讚賞孩子的青春洋溢，少給予批評或挑剔。
保持尊重與欣賞的距離，才不會引爆親子衝突。

記得哥哥祐亨在國二時，看見自己在小六寒假時去土耳其玩的全家福照片，突然說：
「媽媽，我那時候眼神看起來好叛逆，會為了反對而反對，真的好幼稚！」
我回他：「謝謝你現在有這樣的體悟與覺醒，那些年媽媽真的好辛苦！」

當孩子開始會跟你大呼小叫時，這可能是進入青春期的第一個訊號。

那第二個訊號是什麼呢？就是孩子開始跟你說：「不要拍啦！」沒錯，以前那個說要拍照還會自己擺姿勢的孩子，已經跟隨他的乖巧行為與可愛笑容一同走入歷史，變成不耐煩的抱怨與警告，叫你不准拍他，更不要張貼他的相片在任何社群平台上，因為他有「肖像權」。

當父母自以為幽默地說我還有著作權呢！孩子只會送你兩個白眼，隨時準備逃離你要取景的地方。

別這麼熱臉往冷屁股貼。青春期的孩子不是不能拍，而是要看他的心情與你提前的商量與告知。如果要偷拍，拍得出高雅文青味，孩子往往還可以酷酷地接受。如果拍不出文青味，可以拍出創意或特色，孩子也會勉強認同。不然，就要做好隨時會被孩子要求刪掉的準備，而且還會自取其辱地引發孩子的一陣嘲笑。

其實，當孩子主張自己有肖像權時先別生氣，而要高興孩子長大了。當孩子不喜歡父母的行為時，不是不愛父母，而是他發現自己是一個不同於父母的個人，他有拒絕的能力與實力。他開始要擺脫對父母的依賴與干涉，他要追尋與界定他自己，父母要做的就是尊重與協商，劃定彼此的界線，拉出相處舒服的距離。

尊重孩子的單一獨立性，做到下列這些事，就可以跟孩子減少很多衝突和誤會：

一、拍照前先告知孩子，孩子不願意時就不要勉強。

二、在社群網站發布孩子的貼文或相片前要先經過他的同意。

三、碰觸孩子的身體前要先告知，不要隨意地擁抱或親吻。

四、進孩子的房間前要先敲門。

五、不要打掃孩子的房間，讓他自己收拾。

六、不偷看孩子的個人物品，不翻抽屜或書包。

七、不批評孩子的朋友。

八、不要隨意出現在孩子的社交圈，以前是驚喜，現在是驚嚇。

九、要多跟孩子聊天，關心他的生活、交友和學習狀況，以防交友不慎。

十、多聽少說，拉開距離才有欣賞彼此的能力。

弟弟竑勳在小六領縣模範兒童獎時，我們一群媽媽正準備幫孩子們拍照，看到一位熟識的媽媽，於是邀請她一起來拍照。她滿臉寫著無奈和焦慮地說：「不行！我女兒今天不讓我來看她領獎，我是偷偷來的，要趁她還沒發現前先離開。」

女孩的青春期比男孩普遍早一、兩年，而且女孩有更多細膩的心思與想法，甚至在青春期時會把媽媽當成假想敵般地防禦。當媽媽偷偷參加孩子的活動時，真的只能祈求自己不要被發現，因為很可能會看到孩子一臉嫌惡的白眼。

但是，孩子會一直處於反對父母的狀態嗎？當然不會！

過了幾個月，當我們陪弟弟去領縣長獎時，這次是遇上以前他讀中年級時的同學和媽媽。我們閒話家常，聊起等一下可以跟孩子一起上台接受頒獎。只見那位媽媽充滿無奈又自我解嘲地說：「我女兒不准我陪她上台，誰要我們親子關係不好！」她女兒只是冷著一張臉，白了一眼媽媽而沒有接話，我也因為急凍的氣氛尷尬得開不了口。

稍後，快輪到我們接受頒獎時，現場人員要大家排隊等候進場，那位女同學突然左顧右盼地張望，我問：「是不是希望媽媽陪妳一起領獎？那快找找看媽媽在哪裡。」我們一起四處張望，她媽媽可能發現了我們在找尋的舉動，於是笑瞇瞇地走過來。母女兩人相視而笑，那笑容就像是暖化冬天的春陽，也拉近了親子原本冰凍的距離。

青春期的孩子常擺盪在依賴與獨立之間，想測試父母是不是那麼愛他，也想看看沒有父母時，自己可以獨當一面多少事。有時候他的拒絕是一種試探，看你是不是尊重他的意見和想法；有時候又是一種不容侵犯的界線，非得跟你劃出涇渭分明的楚河漢界。

一如上述的女同學，一開始拒絕與媽媽合影，媽媽也尊重她的意願，而她在排隊等待的過程中，可能又覺得母女一起領獎拍照會是很好的回憶，畢竟一輩子只有一次小學領縣長獎的機會。孩子感受到母親的尊重，也不想日後因拒絕媽媽而後悔，這才改變心意。還好媽媽溫柔地等在不遠處，才沒有錯過彼此，這顯示她們過往愛的儲蓄與連結很足夠。

媽媽和善的尊重與等待，換來母女領獎合照的美好結局，真是值得，不是嗎？

刺蝟少年的善變與叛逆

青春期的孩子有一大特色，就是善變。一會不要一會又要的，變來變去的他們，常常也搞不懂自己到底要什麼。父母要懷著善念抓住那個變的瞬間，釋放你的愛與在乎，才不會被嫌棄和討厭。

每一個孩子也像磨刀石，磨自己也磨父母。但被磨鋒利的彼此，是要看見雙方閃亮的智慧，而不是造成眼盲、心盲；是要共同開創前方的道路，而非變成互相傷害。

在管教與放手之間，給孩子適度的自由

青春期就像節氣慢慢走向夏至，
孩子蓄積能量，但親子能儲存愛的時間與機會開始減少，
想讓親子相愛不是礙，相伴不是絆，
就要順其自然地讓大家都做好自己，各自發展。

有次去學校聽親子演講時，有位媽媽分享說：「有次我跟讀國一的兒子吵架，他很生氣地跑回房間很用力地讓門『砰』地關上，但我更生氣地追上去說，我跟你說過你的房間不能關門、不能上鎖。然後我自己到外面去冷靜想了很久，回家想找孩子談一談時卻找不到他，當時嚇死我了！最後終於在衣櫃裡找到他躲在裡面哭。那時我好傷心，想著家裡這

麼大，我竟然逼得孩子只能躲進衣櫃裡哭。我真的要練習跟青春期的孩子好好溝通！」這個沉重卻深情的分享，深深震撼與提醒著我的心。

親子間原本那麼相愛，到了孩子的青春期時，卻每天都在演繹著痛苦與辛苦。而受了傷的孩子，在家裡竟然沒有療癒的私人空間。這些令人心酸的改變，究竟是哪裡出錯了？

孩子小的時候如果有自己的房間，為了隨時可以提供協助與監督，我們當然可以要求孩子房間不要關門或是不能上鎖。但是當孩子開始進入青春期的階段，他需要獨處的空間和時間。

你想想看，孩子如果在房間換衣服，甚至是自慰時，被家長不小心撞見，彼此會有多尷尬呢？

大學畢業後，我曾經在升大學補習班當過高三物理班的帶班導師，跟我念同一所高中的學生都會叫我學姊。當時有一群學弟叫一個同學的外號為「槍王」。那個人不是我們補習班的學生，卻常常是學生們聊天時的談資。

我很好奇為什麼他的外號會被叫做槍王呢？學弟們笑著說：「因為他在學校的廁所打手槍沒關門，被同學撞見，大家就開始叫他槍王！」說完學弟還馬上問：「學姊，你知道打手槍是指男生在自慰吧？」

那時少不經事的我只是很驚訝，為什麼會有人在學校的廁所做這麼私密的行為，甚至還會忘記關門呢？

現在家有青春期孩子的我已經可以理解，也許他覺得冒著被發現的危險環境更刺激，或是他在家也沒有可以安全放心的環境自我探索，也可能他就是一時「性」起加上思慮不周等因素。總之，各種可能性都有。畢竟我們不是他，無從得知他當時的選擇。

如果孩子在家裡有一個自己可以完全掌控的空間，比方說是自己的房間。他可以決定如何布置，他可以決定要不要整理清潔，他可以自由選擇要開門、要關門，還是要不要鎖門。這樣就像是孩子有一個可以好好安放自己的位置，這對青春期孩子探索自己來說，是很重要的一件事。

長大中的孩子需要自己的空間，同時也需要安排自己的時間。

孩子小時候，一家人趁著週末假期相偕出遊，是大家都可以充電與聯繫感情的時候。但是你應該也發現了，孩子從小學高年級開始，就漸漸不喜歡跟父母一起出門。你難免覺得心情失落吧？但是你能怪孩子不知好歹，怪孩子無情無義嗎？我們不是也從國中開始就很少有跟父母一起出門的回憶了嗎！

有一次，當時在讀國二的祐亨突然開口問我：「媽媽，如果明天我找不到人陪我去騎單車，妳可以陪我去嗎？」

我說：「好啊！」

沒想到他又問：「媽媽，我把妳放在第二順位，妳會不會傷心呢？」

我說：「謝謝你把媽媽放在第二順位，雖然難免會有一點點失落的感受。但現在同學朋友對你們來說更重要。媽媽很高興，至少你的選項裡還有媽媽。」

原本那個眼裡、心中都只有自己，缺一點腦、少一根筋的青少年，還反過頭來問媽媽，把媽媽放在第二順位會不會傷心呢？我簡直是出運了！沒錯，哥哥大概到國二以後，他的情緒控管能力愈來愈穩定，也把自己的課業和身體照顧得很好。偶爾我們產生的衝突，還會靠他清晰的理智出來踩煞車而化解可能的衝突。

孩子在成長，父母當然也要變化劇本。不能老是演著把孩子捧在手裡，或繫在褲腰帶上，親子總是黏緊緊的戲碼。給孩子獨立思考與行動的時間和空間，就是給自己欣賞與信任孩子的空間和時間。

孩子慢慢長大，會在生命中出現其他重要的人，這是父母必須面對與接受的現實。父母在孩子心中的序位往後延，也只是暫時的現象。因為父母在孩子心中，永遠有重要的位置。

這幾年跟兩個青春期兒子交手，我常常在心中有一些警報與暫停鍵提醒自己，像是遇到親子意見不合甚至有衝突的時候，冷靜想一下，這件事合法嗎？是孩子的事，還是關係到家人的事？還有，想跟孩子對話時觀察一下，孩子現在的情緒狀況可以討論嗎？我的情緒狀況可以討論嗎？

只要狀況許可，其實可以跟孩子有很精采有趣的對談。

那天我跟高二的長子聊天時問：「你會想給家有青春期孩子的父母什麼建議呢？」

他笑著說：「離你們的孩子遠一點！」

我問：「為什麼呢？」

他說：「就全部都放生啊！妳也知道在這個時期的孩子，就是看父母都覺得很討厭啊！」

我說：「放生就像是放棄耶，都不管孩子了嗎？」

他笑著說：「好啦！不能講放生，是放手啦！當然不能都不管，不能讓孩子變壞做犯法的事。還是要管，不然如果交到壞朋友就慘了！」

能跟高中的孩子這樣暢所欲言地聊天，是因為我們清楚彼此的責任、情誼與界限。把自己照顧好是我們各自的責任，相互支援與關懷是我們的情誼，不干涉與限制個人的隱私是我們的界限。

在親子隱私權與親權的拔河中，放手不是放生，更不是放棄孩子。而是親子需要界限與彈性，尊重各自的差異和單一獨立性。

還記得在祐亨小六上學期時，有一次我們為了他玩電腦遊戲的時間該如何適度分配，爆發了激烈的口角衝突。他突然說：「我要出去走一走！」那時夜裡八點多，我說：「你可以出去走一走，但是要注意自己的安全，媽媽在家等你回來。」

你問，放任正處於憤怒的孩子出門，我會擔心嗎？怎麼可能不擔心呢？但是擔心有用嗎？讓正在盛怒中的青春期兒子出去走走，表示我對他的尊重、信任、關心，與期許，還有讓他藉由冷靜與沉澱，喚醒心中親子之間一直存在的愛。約莫過了半個多小時後，他回家了，原本在臉上張揚的乖戾氣息，已被秋涼的夜風轉化成柔和。我說：「歡迎你回家！」

隔了幾天，祐亨才跟我說：「媽媽，那一夜，我是騎單車到上美語課的地方。晚上的風吹起來很涼快與舒服，我就想到我們以前一起騎單車的時候。又想到媽媽說會等我回家，我就趕快回來了！」騎單車到上美語課的地方，單程要十幾分鐘，他來回差不多半個小時，還好一切平安順利。

親子之間愛的存款如果足夠，在孩子青春期的時候，正好可以提領。以前我們常常騎著單車在外面逛，不管是白天還是晚上，都有我們嘻笑與追逐的身影，那些精心與細膩的陪伴，都一點一滴變成愛的存款，幻化成親子彼此受傷時最好的黏著劑與特效藥。

如果以前愛的存款不足也不要擔心，趁現在孩子還沒有離巢還可以儲蓄。親子關係，在孩子進入青春期的時候，其實是重新連結與建構的大好時機。有覺察就可以帶來新的學習，有新的學習，一定會帶來新的成長；有新的成長，就會發生新的改變。

要改善親子關係，從父母自己先改變，永遠都是邁向成功的第一步。

放手，讓孩子學更多

孩子在青春期時，正是父母可以和他們練習分道揚鑣的時刻。親子之間要保持界限和彈性，放手讓孩子出去學習與擴展人際關係，讓他們在離巢前可以學會獨立與控管自己。

抱持著「忍一時風平浪靜、退一步海闊天空」的豁達，孩子才會撿起你放下的能量，變成自己成長的力量。

當青春期撞上更年期，化解親子衝突的三部曲

青春期是人生走在上坡的路段，
更年期是人生走進下坡的路段，
雖然都受荷爾蒙的影響，卻會有不同的風景與挑戰，
親子該如何欣賞彼此的美麗與哀愁呢？

現在的人普遍晚婚、晚生，三十幾歲才當媽媽的，大有人在，孩子養個十幾年，狂暴的青春期，剛好撞上狂亂的更年期。若兩者沒有忍住不耐與煩躁，家裡必是戰火四起，處處不得安寧。

親子要如何共舞荷爾蒙變奏曲，才有機會讓家庭氛圍相對安然自在，而不是硝煙處

處？化解親子衝突的三部曲，讓我們這樣開始。

首部曲：了解彼此都處於荷爾蒙變化時期，才能同理對方。

那一年的寒假第一天，忙完洗曬衣服，我帶著當時讀小五的竑勳去學校處理獎狀名目誤植之事。原本是學期總成績的獎狀名字寫錯，當天他就已拿去給老師更改。回家後，當我要把獎狀放入資料夾時，發現獎狀的名目誤植為「小學士」，竑勳說他只看名字改對了，沒想到獎項卻錯了。我慎重地跟孩子們說：「下次拿到獎狀，請仔細核對名字和內容是不是都正確，這次就當作又是一個學習的經驗。」

到學校跟老師再度換了獎狀，隨後帶著竑勳去採買東西。回家後陪他在社區運動遊戲後，下午再送他去上美語課。

晚餐時，當時讀國一的祐亨說：「媽媽，八點時，可以陪我們去公園玩嗎？」

我說：「媽媽今天生理期又提早來，有些不舒服。如果忙不過來，可以明天早上再出去玩嗎？」

祐亨笑著說：「媽媽，妳不是要更年期了嗎？」

我說：「是啊！當青春期撞上更年期，你願意多體諒媽媽一點嗎？」

一邊望見老邁在前面招手，一邊回眸青春在後面送別，這是更年期的身心拉鋸。但當狂暴的青春期，剛巧撞上狂亂的更年期，到底誰該體諒誰更多一些？

比起更年期，青春期的孩子確實辛苦與疑惑。他們面對懵懵懂懂、似懂非懂的一切變化，不管是身體上或心理上的，都是人生中最茫然、最混亂的時期。還有外在沉重卻甩也甩不開的升學壓力。那種困惑與迷茫，我們也曾一步一步，如摸著石頭過河般地摸索著前進。回首前塵的青澀與徬徨、不安與困惑，現在我願意更同理青春期孩子的心境與處境。

青春期，是正想展翅高飛，卻還沒有長成足夠豐厚與結實的翅膀，也還在探索未來的方向。讓我們更溫柔、更包容他們的身不由己，或是矛盾衝突產生的無理與無禮。

如果你對孩子吼，孩子只會吼得更大聲；你對孩子無情，孩子可能無情到再也不回家。相鬥，必是兩敗俱傷。只要我們先釋出善意，多替孩子想，多聽孩子說，還是可以相安無事。一如鄭愁予的詩句：「夏日的煽情主義者，我有火卻打不起火來。」青春期的孩子是夏天的火，我們是秋天的溫柔，曾經火過就要內斂蘊藉。

跟青春期的孩子溝通，最重要的其實是真誠。**很多父母會跟孩子溝通失敗，往往是因為父母只是急著「對孩子說話」，而不是願意「跟孩子對話」。**這其中的差異，就在於是否有傾聽孩子，是否有核對孩子說出話的真意，與是否欣賞孩子可以真實地表達自己。當我們願意好好聽孩子說、跟孩子說，孩子其實是可以溝通的。

隔天，北風強勁，細雨斜灑，我們母子三人，還是在社區的籃球場，享受了三人遊玩的甜蜜時光。做到答應孩子的事，是為愛的儲簿存愛與信任。

當我們對青春期的孩子，多釋放出理解與體諒，他的反饋與回報，是一種料想不到的溫柔。好奇嗎？我現在就常常接受孩子的幫忙與鼓勵，讓我享受著被孩子支持與照顧的反饋。

二部曲：父母不必假裝強大，孩子也已不再弱小。

多聽孩子說，才不會自以為是地了解孩子。

自從孩子出生後，我們一直靠著「猜」來解讀孩子。但當孩子開始學著說話，我們是不是願意花時間聽孩子說呢？

在祐亨國一時，有次我跟他聊天問道：「奶奶說，她這一生，最不能接受被別人誤會或是冤枉，而爸爸是最討厭別人威脅他。哥哥，你不喜歡別人對你做什麼事呢？」

他說：「我最討厭人家一直煩我！就是同樣一件事一直說，會讓人覺得很煩！」

我說：「你討厭被人家嘮叨。那你比較喜歡一個人獨處，還是有一群朋友一起玩？」

他說：「要看情形，大部分時間有人一起玩比較好，但也不用很多人，兩三個朋友就可以了。偶爾自己一個人也挺有趣！」

我接著問他：「比方說，心情不好的時候，會想自己一個人靜一靜，想一想，是嗎？」

他馬上說：「剛好相反，我心情不好的時候，才需要有人陪，也許別人說了什麼有趣的事，就會讓我的心情好起來了！」

原來，祐亨在心情不好的時候，才需要有人陪！

這跟我從小的生活經驗是完全相反的。我喜歡獨自消化悲傷、憤怒、痛苦、恐懼等情緒，我是個報喜不報憂的人。我心中藏著很多等待消化的祕密。我不喜歡從眾，也不太喜歡搞小團體的次文化，這讓我在成長的路上常常選擇遠離眾人而自己獨處。

每個人的個性不同，也相對影響著他為人處事的態度和方法。雖然孩子跟著我們一起生活，但他跟我們是不一樣的獨立個體，還是要經由多聊天、多分享，你才可以洞悉他的內心世界。父母要多了解孩子，才可以成為支撐他的助力，而不會因為自以為是地對孩子好，反倒成為孩子發展與成長中的阻力。

原來，孩子覺得在心情不好的情況下有人陪著比較好，所以他那天一直在二樓陪著我哭。因為我們家養的虎皮鸚鵡母鳥小莉，突然在毫無預警的情況下往生了！

三年又十五天，是牠跟我們相處的時間。怎麼突然就畫下了休止符呢？前天我還和祐亨一起餵牠們吃蘋果。小莉怎麼會突然就死了呢？

傷心的我哭得頭昏又痛，祐亨安慰著說：「媽媽，妳不要再哭了！」

我跟他說：「讓媽媽哭吧！現在把悲傷發洩掉，媽媽才會好起來！」

那天晚上，祐亨突然從房間走出來跟我說：「媽媽，我就知道妳又在哭！」他特意跑出來跟我說話，希望我轉移注意力，原來他是顧慮與體貼我的心情。

隔天早上，我跟他在花園要埋葬小莉，他又說：「媽媽，妳不要那麼傷心，連我一個小孩子，都可以看開死別，你怎麼看不開呢？」

我說：「對啊！這是媽媽人生的功課，所以媽媽不喜歡養寵物啊！面對死亡，太痛苦了！」

他說：「媽媽，妳只要記得相處在一起時很快樂就好。」

記得快樂就好，為什麼要一直沉溺於悲傷呢？

但，知易行難。

孩子很認真地導引著我轉念。這份溫柔的對待，就像是他用溫暖的手努力修復我因為死別而心痛的胸口，讓我覺得溫暖又舒服。我的孩子，現在比我還堅毅，還強壯，還勇敢，可以關照我的心情與感受。適時鼓勵我，開導我，教會我一些明明懂得，但卻做不到的事。這感覺像是親子的能量在相互轉換，真的幸福又奇妙。

這幾年，親人陸續重病與離世，總是把我打擊到失魂落魄似地病著，我只顧著沉溺在自己的悲傷之中，沒發現反倒讓自己成為被孩子擔心的對象。在散步中沉思時，我突然明白了，面對死別，可以哭泣、可以流淚、可以傷心，但是不應該沉溺傷心，這會讓愛我的人很擔心！一如三毛說的：「有時候我們要對自己殘忍一點，不能縱容自己的傷心失望。」

不能縱容情緒氾濫，一如不能總焦慮青春期的孩子會製造麻煩。

面對青春期的孩子，父母不必假裝強大，孩子也不再弱小，只有真誠交流可以暖化彼此的心，要耐著性子跟孩子多聊天談心，讓親子可以更了解彼此的想法與需求。孩子的純真與善良，可以開啟我們塵封已久的心窗。不要害怕在孩子面前承認錯誤或展現脆弱，孩子也希望自己具有幫助父母的力量。當他向你伸出援手時，千萬不要用拒絕把他推遠了。這沒有權力的強與弱，也沒有身分的主或從，只是人性之中最純真的愛與關懷在交流。

協奏曲：親子相互支援，共創和諧氛圍。

尋常的生活總像是夏天的天氣，在豔陽高照時會突然下一場西北雨。當青春期的孩子不是那場雨，那他會不會成為在雨中送傘的人呢？你家青春期的孩子，有沒有當過神救援呢？

有一次跟先生在夜裡散步，走著聊著，突然天降大雨，我們急著找屋簷躲雨。雨勢卻愈下愈大，大到只好打電話向青春期的兒子們求救。

沒想到求一個，來一雙。兩個兒子歡歡喜喜地送雨傘來。我們一家四口移步在微涼的夜雨中，心頭卻都暖洋洋溢滿快樂與幸福。

偶爾，孩子的神救援，還可以當作修復夫妻情感缺口的特效藥。

有一段時間，週五的下午一點我有活動。某次週五的中午，我跟哥哥已經在吃我先準備的食物了，之後先生買回大包小包的東西，裡面有一包鮮蚵。他喜歡吃鮮蚵，但他知道週五的中午我沒有多餘的時間可以料理，他還買回來說：「可以明天吃或是晚上吃，我都沒有關係！」

我說：「明天吃或晚上吃就都不新鮮了！」我一邊碎念一邊不耐煩地進廚房進行料理

的工作。

隔著中間拉門的先生，突然也暴躁起來說：「那你中午就不要參加那個活動啊！」

我雖然很生氣，但我拉開拉門一字一句慢慢地說：「我用我自己的時間，為什麼不可以參加呢？那是我自己的時間。」

大家有沒有發現，結婚後的女人，時間好像都變成是家人和先生的？如果妳把時間花在自己身上，而減少照顧小孩，減少處理家務，減少關照先生，他們全部會指責妳。這就奇怪了！**我們用自己的時間要去處理他們的事才是對的，用自己的時間處理自己的事，竟然還會被指責。這不是莫名其妙嗎？**

結婚是讓我們被賣給別人嗎？那我們得到的是什麼呢？

先生沒有接話。倒是當時要讀高二的哥哥馬上進到廚房說：「媽媽，我來幫忙，妳先去吃飯！」

孩子當下的神救援，猶如在雨中送傘。我收拾好混亂的身心，心平氣和地坐在椅子上看著先生說：「爸爸，謝謝你買食物回來。但是下次星期五要記得，不要再買我需要加工料理的東西，這樣我壓力很大！」

他說：「好！我知道了！」

伴侶總是這樣，常常會為了生活細節起口角，但只要有一方架起了梯子，另一方往往會順勢而下，不再為難彼此，這樣也才不會讓輕微的口角，演變成兩敗俱傷的失控衝突。

那時正是停課不停學，又得在家工作的居家防疫時期，讓家人相處的時間多了很多，更容易產生摩擦與口角。其實良好的家人關係，不是不會吵架、不會生氣，而是我們要如何吵架，要如何生氣，要如何在情緒驟起時，可以察覺自己的感受，而且有能力把混亂的情緒梳理好，讓理性出來解決問題，同時兼顧彼此的感受。

示弱，其實就是示好。因為心中有愛，願意讓我們不再爭著做強大勝利的一方，我們的心不再急著反擊，就可以看見情緒對自己的影響。當我們不再反擊，對方也就不需要再做攻擊。

只是，當情緒如驟落的急雨時，你很難不被雨淋到。但如果你有練習覺察與轉換情緒的能力，這就像是你為自己隨身準備了保護傘，當你快速撐開保護傘後，只要拍拍剛才落在身上的水滴，就不會被情緒打成落湯雞。當孩子比你還快撐起保護傘時，記得謝謝他。

孩子的樣子，就是父母的鏡子。從小孩子看著我們的言行舉止，學習待人處事的方式。孩子長大進入青春期，因為受到荷爾蒙的改變，和人生發展進程的不同需求，他可能會出現很多自我的想法與做法，但父母只要放心與放手，多觀察與多讓孩子嘗試，其實成長中的孩子，常常會變成家裡很好的潤滑劑和神救援，可以暖化過往教養的疲累。

孩子青春期的夫妻關係與親子關係

孩子總是有長大離巢的日子，夫妻關係才是家庭穩定最好的基石。當孩子進入青春期，放手讓孩子嘗試，夫妻就可以再牽起彼此的手，相互扶持。從了解荷爾蒙對身心的影響與變化，到理解親子不同的人生階段與處境，彼此多一些包容與體貼，多聚焦讚美孩子的正向行為，孩子的愛，會厚積薄發地反饋給你。

對伴侶多一些耐心地好好說話，也是給孩子對未來婚姻關係的示範。沒有不相愛的親子，只是大家需要學習如何好好相處。

當高中孩子的朋友與顧問

網路普及和線上學習其實已經改變高中生態，我們不能用過往的經驗來教現在的孩子。開放心胸跟孩子學習，學到的不僅是新知識，還會收穫一個會教、能教、意氣風發的孩子。

當孩子進入高一，有些父母可能鬆了一口氣，覺得陪孩子經歷會考的試煉與選擇，孩子終於長大，可以把學習增能和自己都兼顧好。我們也可以把更多的時間，花在發展自己和關照伴侶身上。

然而，也有些父母反而警鈴大作，為什麼呢？讓我們來看看讀者的留言和擔憂。

「我家的高一生，每天只想著玩，玩社團、跟女朋友出去，卻不知道應該把該做的事先做好，還一直抱怨自己時間都不夠用……」

「現在手機、網路使用那麼多誘惑，整個心思都不在課業上，高一上已經滿江紅，沒一科能及格。」

「我們家是女生，這週突然說要跟兩個男生出去（平常是完全不答應讓她出門）。分不清朋友跟男友的界線，讓人擔心。」

從留言中大家應該發現，很多孩子一到高中就出現「會考大戰」後身心急速解放的狀態。孩子的心思好像完全不在課業上面，怎麼只是忙著到處玩？玩社團、談戀愛，每天忙到比大人還晚回家。

你家高中的孩子，也讓你這麼牽腸掛肚地擔憂和煩惱嗎？

祐亨剛成為高一新生時，我問他：「你對高中生活有什麼期待呢？」

他說：「玩得開心一點！」

我說：「好！玩得開心一點，也要學得深入一點！」

他高一加入了惠他社、英語辯論社、羽球隊。週一晚上留在學校上托福英文。一週有幾天的中午要去羽球隊團練。後來老師發現他學過六年的打擊樂，還請他支援國樂社敲擊定音鼓，好幾個週末的早上我送他去搭火車去學校樂器團練，以參加在校慶晚會上的音樂演出。

他還參加高一的迎新舞會，回家後跟我分享舞會和他想像的有點不一樣，但覺得增加一個經驗也不錯。

高中孩子玩社團、談戀愛、發展人際關係，那他們都不用讀書嗎？以後升學怎麼辦？這好像是很多高中生父母最擔心的事。

我們一生中花最多的時間是在工作，而工作到底是什麼？又要如何來看待工作跟人生的關係呢？

基本上以「工作跟人生產生關係」的本質來看，可以把工作分成三種性質：

一、職業

職業是最初階的工作，就是我們用時間與能力去賺取報酬、養家餬口的工作。為了薪水而工作，常常有人上班就想著下班，下班又擔心沒工作沒收入會餓死，鎮日鬱鬱寡歡不得志。

二、**事業**

事業是職業的進階版，除了可以用能力與時間換取金錢，還可以換得社會地位和一些無形的價值。

三、**志業**

志業就像是職業生涯的終極版，如果找到了一生的志業，那就是找到了內在的志趣與熱忱。被喚醒的內驅力會讓我們樂在工作，即便遇上困難和瓶頸，還是會透過學習去找尋協助和支援突破困境。這樣不怕艱難、不畏挫敗的熱情與持續力，就是志業的魅力所在。

就像曾經有一位導演說；「我從來沒有想過要退休的事。很多人都說退休後要去做自己喜歡做的事，但我現在就是在做自己喜歡做的事。」

大部分的人一生都在職業中打滾與掙扎，不知道自己的志業在哪裡。而高中孩子現階段要找尋什麼呢？你可能會想著他要為以後的職業做準備啊！要把書讀好，才能有好成績，有好成績才能在大學時選一個熱門的科系，熱門的科系就像是取得了未來可以保證好就業、好賺錢，變成人生勝利組的入場券。

父母想的都沒錯，只是那是孩子要的嗎？

我們在高中時期，都在忙些什麼呢？我們現在過的生活和高中時期設想的一樣嗎？不要說其他，這十幾年網際網路的發展，智慧手機的普遍，甚至因為疫情的刺激而蓬勃發展的電商與宅經濟型態，都是我們在高中時期無法想像和預估的吧？那我們還能替現在的高中孩子預想什麼呢？

我們可以這樣做：

一、鼓勵孩子盡情探索自我。

現在不單是網路的訊息很多，在學校裡也有很多額外跟大學交流的學習課程。可以鼓勵孩子多接觸與嘗試，從中找尋自己的興趣和強項，為未來大學選擇的科系做能力與興趣的篩選。

像祐亨剛進高中時，對出國念大學充滿憧憬。我跟他說：「那要多學英文，但同時也要顧好學校的功課，參加國內大學的招考。這樣兩邊都要顧，你會有點辛苦，但媽媽相信你的選擇，你可以平衡的。」

他在高一很認真地參與英語辯論社和學習托福的課程，還買了很多書籍自學英文。在高一下學期，跟我聊天時他卻說：「媽媽，我當初想去美國念大學，是想逃避自己會考考5A9+的挫折。現在想想，為了逃避要花那麼多錢值得嗎？我覺得在台灣念大學應該也很好。」

我說：「沒關係！你現在都還是在探索的階段，謝謝你這麼誠實面對自己真正的想法，也謝謝你告訴媽媽，媽媽都支持你。」

現在的孩子不會一試定終身，也不太可能一個職業就做到退休。我們要給孩子勇氣與能力去面對「變化」，人生的本質就是隨時都在變化。

在鼓勵孩子自我探索的路上，父母常常需要誠實面對自己的內心和期望。我們很難不在心中對孩子有實質的設定，比方說，孩子很會讀書，我們往往會想著那他可以讀醫學系、讀電機系，因為未來當醫生、當工程師，都是會賺錢而不讓父母擔心的職業。但那是父母的想法，卻不一定是孩子要的。

我有個朋友的孩子大學考試成績很優異，可以錄取常常蟬聯理工科榜首的台大電機系，但他們最後尊重孩子的興趣，讓孩子選念他真正有興趣的科系。

她說：「最初我們當然也希望他念台大電機系，可以考得上為什麼不念呢？而且電機系未來的出路更好。但是他高中三年都想念自己有興趣的科系，而且他以前也學過寫程式，但他就是不喜歡。我們為什麼要逼他去做不喜歡做的事呢？所以最後我們夫妻達成共識，因為孩子的人生是他自己的，還是應該要尊重他的想法和興趣。」

現在有些人對教養文章滿天飛的現象提出質疑，總是說以前的父母根本沒有時間教養孩子，還不是教出很多優秀的人士。反倒現在人們成為父母，看了一堆教養文章，卻教出一個又一個的爸寶、媽寶，學教養到底有什麼用？

以前社會相對單純，一個職業可以傳承兩、三個世代，即便脫離家族的庇蔭外出闖蕩，也可以靠著一個職業養兒育女，頤養天年。但現在社會變遷太快速，有些人才剛進大學，他念的科系在市場上就已經被新技術取代；或是還沒大學畢業，系所居然要改名裁併等，這些變化都是隨時可能發生的事。

父母學教養，不僅是要學怎麼給孩子剛剛好的管教，讓他適應社會的規範和運作，更要學怎麼放手讓孩子去發展他自己，可以創造出社會更好的價值和影響，同時還可以保持親子之間情感的張力與連結。以前人們受父母影響與控制太深，往往是過著父母希望、而不是自己想要的人生。現在社會發展多元快速，身心健康成熟的父母，希望透過教養和學習，陪孩子走上孩子想要的人生道路，這樣努力成就孩子的心意，不是很值得支持與鼓勵嗎？

為什麼有些父母逼著孩子讀自己不喜歡的科系，還自認為很會教孩子呢？要協助孩子認識與探索自己，父母需要很多的自我控制、智慧和胸襟。現代父母不要總是想「教」孩子，更要保持「學」新知，才可以跟著孩子，跟著時代，一直保持成長與進步。

孩子在高中時的志趣探索上，可以做到知己和了解社會兩部分。

（一）知己

可以讓孩子從下列這幾個方面去解讀自己：

- **興趣**：我喜歡做什麼。如鑽研學問、攝影、畫畫、運動、喜歡與人交流、喜歡成為受注目的焦點等。
- **能力**：我能夠做什麼。像是能悶著頭做實驗也不覺得累、能說善道還八面玲瓏、能管理與協調整個社團運作等。
- **特質**：我適合做什麼。個性是內向或外向，還是內外向兼具呢？適合靜態、動態，還是喜歡常態性的例行性工作等。

• **價值觀：**想要做什麼。想要成為怎麼樣的人，會影響孩子對自我的設定和期許。像祐亨的職業想法從小到大變化很多，但他從小一開始，就期許自己長大要變成「一個優秀的人」的想法卻一直沒變過。

（二）了解世界

孩子以後要進入社會工作，當國家的納稅人，撐起國家的未來，可以先看看世界上有哪些是他感興趣的工作。

家族成員從事哪些工作，也是孩子可以參考與了解的資源。不同的工作需要哪些特質、能力，還有未來的發展如何，在孩子進入大學選填志願前，如果先對這些情況進行探詢和了解，可以讓他們不只是霧裡看花的一片迷茫，或是盲人摸象地以偏概全，產生誤差。

當孩子從內在與外部做連結與嘗試時，記得鼓勵孩子不要害怕改變，即便現在選的不一定最適合自己，還是可以做改變的。

像我常常跟孩子分享自己大一時念中文系，大二時轉系轉院念公共行政。後來念研究所又轉彎讀政治所，我在台中、台北和高雄幾個大城市都念過書，出生在桃園，現在落腳在竹北，人生不怕轉彎。即便現在寫文章分享的素材，也跟過往所學的不一樣，但我始終保持學習與研讀自己有興趣的書籍。因為走過的每一步路，都有認真和努力付出，就可以串聯成自己的智慧與內涵。

我也跟孩子分享，曾有人在接受採訪時說，辛苦念完台大不喜歡的科系後，居然選擇重考，進入自己喜歡的科系就讀。你問，那之前的四年都浪費了嗎？但比起要花一生從事的職業或志業，先利用幾年弄清楚自己究竟想追求什麼，不是也很值得嗎？這就是現在有為年輕人的想法，不打高空地做白日夢，不屈就於渾渾噩噩混日子，只是想弄懂自己，活出自己的生命，這種勇氣，不是很值得鼓勵與喝采嗎？

父母對孩子不可能沒有期望，但這些期望應該不是建構在希望孩子以後從事什麼職業，住什麼樣的房子，選擇什麼條件的人當配偶，甚至生養幾個孩子等這些具體事項上面，而是期望孩子可以充分探索自己、發展自己。在艱難的人生路上，可以發現自己的興趣，可以把職業、事業、志業結合在一起，發揮良善的影響力，讓自己生活充實、精彩、愉快，也帶給世人好的貢獻與改變。

在陪著孩子探索的過程中，很多父母其實也發現自己有不同的潛能和興趣，甚至可以變成人生的志業。願意努力學習的父母，不單是父母自己的福氣，更是孩子的幸運。

二、**社團、交友、學業都可以兼顧**。

孩子參加社團活動，並非平白浪費青春的大好時間。參加社團可以遇到一些志同道合的朋友，甚至可以讓孩子檢視他是否真的對這類的事物感興趣。

比方前幾年受媒體渲染報導，讓餐飲相關科系很搶手。很多孩子懵懵懂懂地進入裡面才發覺，「喜歡吃」跟「從事餐飲業」根本是兩回事。青春期孩子很容易受表象的刺激而以為自己喜歡，其實要真正接觸之後，才會知道「愛」與「迷戀」根本就不是同一種情感。

不要阻止孩子去社團探索自己，而要鼓勵孩子在相對單純的校園環境中，多利用不同途徑認識新朋友。像哥哥在協助國樂社打定音鼓時，就遇上好幾個很會讀書，樂器也玩得很厲害的朋友。在高二選學群後，也認識很會讀書而體育也很棒的同學。他總是在益友身上發現他們的優點，也督促自己要變成會玩也會讀書的厲害角色。

三、**做好時間管理**。

每個人一天都只有二十四個小時，孩子要怎麼做到會玩又會讀書呢？

在孩子高二的線上家長座談會，導師語重心長地說：「我常常跟學生們說，你們現在最重要的一件事，就是做好時間管理。」

我們不能幫孩子讀書、考試，青春期的孩子也不會讓你安排他對時間的運用方式。但你可以從旁觀察與監督，看他是否有兼顧到玩樂、擴展人際關係、學習等各個面向。

四、關心孩子的生活和學習狀況

以前有個老師跟我說：「我女兒剛進入高一時天天都在玩，玩到好幾科都差點被當。她還說我們念私立中學出來的都是這樣，因為念私中那三年真的很可憐、很辛苦！高中先讓我玩一下，我自己會修正，會注意功課的。」

這位老師的女兒有說到做到。高一一開始她玩得很開心後就願意慢慢收心，後來也進入了大學自己想就讀的科系。

孩子大了，父母要從照顧者的角色退位，孩子才會上位接手管理自己。面對正在變動與成長中的孩子，雖然你的想法很有參考價值，雖然你的經驗可以讓孩子趨吉避凶，但孩子真的不一定會領情。

讓孩子自己學習做選擇與負起承擔的責任。賦權給孩子，讓孩子當自己人生的主角，引領孩子探索內在與擴展人際交往能力。

青春期是孩子長大離巢前的最後一哩路，不要再用打罵或是懷疑，來當成孩子身心上的行李。信任與祝福，才是孩子真正想要的愛。讓孩子為自己的人生，多試一試。

如果孩子跟你說的事卻沒有做到，可以陪他檢測步驟與詢問是否需要幫忙。只有相信孩子，孩子才會願意跟你說出真心話，父母先當聽眾，才有可能變成軍師。

陪著孩子在新世界裡學習與發展

現在社會發展得太多元，很多工作已經超乎我們的認知與想像，不是傳統分界的士農工商就可以涵蓋。在網路上搜尋職業種類，已經遠遠超過三百六十行，但確實可以行行出狀元，特別是資訊的普及與迅速流通，現在的人的確可以靠興趣而養活自己。

如果孩子有好奇的職業，只要不犯法、不違反善良風俗等價值觀，與其反對，不如帶著孩子多認識。當學習與生活有動機有目標時，孩子才不會如漂泊在汪洋大海裡，因為沒有方向，而蹉跎寶貴的青春。

親子間三種角色的輪替，讓彼此都成為更好的大人

從保母，到教練，到顧問，到成為朋友般的家人，
父母對孩子，是從領導變成平等的賞識。
當親子變成如一般大人的自在相處，
愛與責任，就已經變成對彼此生命的祝福。

親子關係是一種動態的平衡，父母要跟上孩子的成長，不能停滯學習。

當孩子進入青春期，就逐漸要長成身心都成熟的大人。在這最後一哩路上，父母要協助孩子獨立、負責、自律、管理好自己，同時做好家庭成員的和諧角色，才能讓每個成員在家庭的滋潤中，修養身心靈。父母的成長經驗可以給孩子參考，卻不是孩子該奉為圭臬

的範本，只有孩子為自己的人生選擇與作主，才能真的懂得責任與承擔。

父母和子女在家庭關係中，有三種角色會輪流扮演。正向又健康的親子關係，角色應該是流動的。而家庭成員之間，又該在哪些角色裡流動與補位呢？

一、父母：親子間「領導」與「依賴」的地位對調。

父母的角色象徵家中的權威和領導。雖然每個人都不一樣，但在潛意識中多少都還是會有依賴的需求。就像在網路上有一種說法，不管子女長大到幾歲，跟父母一起出去吃飯，仍然很習慣讓父母付錢，這樣就像還享受著被父母照顧似的。你也會這樣嗎？我的父母都已經到天上成為天使了，有時候真的還是奢望再被父母照顧一下啊！

雖然餘生已經沒有辦法再受父母的關照，偶爾難免還是會有所感傷。但成長中的孩子，有時候也可以補位成為父母的角色，用他們的能力和知識，撐住大人的需求。

你不相信我說的嗎？現代孩子是數位原生代，你學習數位科技的能力應該比不上你家青春期的孩子吧？那你為何不放手讓孩子帶領你呢？

現在很多餐廳都用數位科技點餐，每次到這樣的餐廳用餐時，兩個青春期的孩子就居於領導與統整的角色，幫我們評選餐點與操作機器。

被孩子服務與照顧，不但不會弱化父母的身分，還可以強化孩子的自信和自我價值，也證明了父母教子有方，這不是雙贏嗎？

二、成人：平等且彼此尊重的互動方式。

成人之間相處用的是平等與尊重。

青春期孩子在建立自己的價值觀，也許會因為跟父母的價值觀有所不同，甚至互相衝突。親子是合作的夥伴，而不是對立的敵人，當孩子開始要自己來時，是發出父母該放手的訊號，我們只能傾聽，卻不應該強迫孩子接受父母的想法和做法。比方說，台灣的社會很有趣，在政治上藍綠好像楚河漢界，但其實很多家庭在政治取向上，是完全不同的，彼此可以擁有各自不同的政治理念，但還是情感緊密的一家人。

在對待青少年談論自己的志向、理想和價值觀時，用成人平等、尊重的態度和孩子聊天，才可以聽到孩子真實的心聲；真誠而不帶批判地傾聽，才會跟孩子產生可以互動和溝通的連結。批判或是想強壓自己的價值觀給孩子，其實只是把孩子推遠了。只要告訴孩子：「需要幫忙的時候你就說，我都在。」默默給予監督和祝福，是跟青少年相處最自在的距離。

把青少年當個成人，跟他學習新知，是對他最大的肯定與賞識。像我常常聽孩子們分享從網路學習到的新觀念與新知識。這種虛心向孩子學習的態度，讓我們親子之間的溝通和互動不但良好，也充滿趣味。

三、子女：讓孩子也有機會練習照顧父母。

子女的角色象徵著依賴與需要被照顧，但父母其實也常常需要孩子的照顧。如果孩子都沒有機會練習照顧父母，那以後很容易出現彆扭的情況。

父母也有脆弱與無助的時候，比方說工作不順利，甚至是失業，遇到親人往生等這些重大的挫折與打擊。如果父母可以跟青少年好好說明與溝通，孩子其實有能力給予父母情感上的支援與慰藉。

疫情延燒了兩年多，有些行業受惠，領年終獎金達數百萬甚至千萬，像是天降巨款般的幸運。但也有許多行業就此消失，諸多家庭突然陷入經濟的黑暗期。父母常常有苦不說，只是苦自己，把孩子摒除在現實生活之外，只想給孩子美好的一切。但這其實不是生活的全貌，而是父母搭建給孩子的幻境。沒有人可以保證，生活永遠美好與太平。

只報喜不報憂的生活態度，既不健康也不正常。我們應該如實呈現生活的原貌。常常跟孩子聊聊家中的狀況，吐吐心中的苦水，孩子承接父母的喜怒哀樂與生活經歷分享，才會真實感受到他是家庭裡的一份子，也能展現自己的能力，給父母一些關懷和安慰。

這些年，兩個兒子陪著我們經歷了好多親人的生老病死。他們並非永遠都是被照顧的角色，偶爾能給我們及時的幫忙與鼓勵。像我有一次回內壢探望母親而遲歸，就先請祐亨幫忙準備餐食跟弟弟一起吃。有一次接母親回家小住時，停車去買東西，母親在後座嘔吐，是祐亨收拾乾淨還安慰外婆。尋常生活中這些即時又貼心的幫助，讓我們有時候也可以像個孩子一樣撒嬌、耍賴，甚至任性或幼稚一下。

家庭生活要平衡，不能單靠一方面的付出與支撐。家人互動要像蹺蹺板，有上有下的互動與平衡，才會有趣又好玩。

父母跟子女，彼此都可以扮演父母、成人、子女的角色，這樣親子在相處上，才會覺得自己是有用且可以依賴的人，而不僅是孩子需要父母時，父母才有用。

人總是活在無常中，想要建立有常的習慣與生活型態，維持「秩序感」，會讓自己有安全感。父母也總是希望自己有被孩子利用的價值，當孩子不需要我們，想打破原有的秩序感時，會讓父母覺得自己變得沒有價值了。但我們其實不需要把自己的生命，弄得這麼卑微地失去平衡。因為漸漸長大的孩子，也在日積月累地形成能量，只有親子可以在這三種角色中游刃有餘地扮演時，才是正向又健康的親子關係。

偶爾練習當個無用的父母，孩子才能長成有用的人

初為人父母時，父母會不經意地想念起沒有嬰兒吵鬧的單身時光。等到孩子長大到青春期時，父母已經習慣幫孩子準備很多事，當孩子突然要自己來時，有些父母會覺得自己沒有用了。

你會害怕自己變成沒有用的父母嗎？

學習接受子女的照顧和付出，其實是很多父母的功課。

當你可以跟孩子在父母、成人、子女三種角色中自由穿梭與變化時，孩子跟你，都會成為家庭及社會需要的好大人。

家人可以吵架，但不能傷感情

這幾年台灣的酸戾氣息瀰漫，很可能是受了戲劇的推波助瀾。人生雖然如戲，但不要讓戲劇的誇張情緒表達，毀了你的人生。家人發生衝突是很正常的事，但衝突也需要適可而止，不傷人、不傷己、不傷害物品，更要記得，不要口出酸言惡語。

俗話說「家和萬事興」，大家都希望家人之間相處和樂，但就像牙齒都會不小心咬到嘴唇，家人之間意見相左，在所難免。以前，父母過度在乎家庭的和諧，孩子們之間的紛爭，都積極介入處理，甚至跟老一輩的觀念相同，覺得大的應該要讓小的。

但是，在實務上操作，不但解決不了手足之間的紛爭，甚至會讓他們演變成愈來愈嚴重的爭寵問題。直到閱讀親子教養書籍才知道，一個孩子大概要長到四歲以後，才會知道他是老大或排行較前面，是哥哥姐姐。但是，有些手足之間只差個一、兩歲，等到大的孩子知道自己是兄姐時，兄弟姐妹間應該已經產生很多情感上的裂痕了。

昨天還在跟兩個兒子聊起他們在小時候的爭吵回憶，因為現在他們已經不太會吵架，而是在各自的忙碌中，偶爾好奇與關心彼此。

當我設身處地思考，想著哥哥出生時，只有爸爸媽媽，他得到的是父母所有的關注。但當弟弟出生時，哥哥覺得愛和關懷被弟弟分割和剝奪，是必然的心歷路程。而弟弟一出生，就有父母和哥哥，一切都是自然的存在，他比較不會有被剝削的感覺。

當家有新生兒時，大的孩子會覺得他或她是來爭寵的，而小的孩子卻從出生就知道前面有大的孩子。你覺得該如何排解手足衝突呢？

要讓手足減少糾紛，不是要大的讓小的，而是要先接納與安撫大的情緒感受。當大的穩定了，小的有樣學樣也會安定下來。

當我開始認真引導哥哥的情緒和思考走向，讓他參與弟弟的學習與成長，讓他開心而快樂地去幫助與教導弟弟。我慢慢發現，把大的孩子教養好，小的就能順理成章跟著學，這是很有趣的手足互動模式。

手足在生活學習中，有時合作，有時競爭。當他們再度發生爭執時，我會先安撫彼此的情緒，不急著解決問題，讓他們慢慢學會彼此協商，這才發覺手足相處發生爭執時，除非有立即的危險發生，否則可以先觀察他們自己如何處理問題。因為處理爭執是社會化的過程，他們要在每次的爭執經驗中，學習溝通與協調，讓兩人都能接受。如果只是一味追求家庭表面的和諧，而要大家過度隱忍與包容，會積壓過多的負能量，終有一天，變成火山爆發，那會釀成怎樣的災害？大家都無法做風險評估吧？

當孩子愈來愈大，意見愈來愈多時，我們家開始訂下家人吵架要注意的事項：

一、**就事論事，不翻舊帳**。

每次有爭執時，其實都很容易出現強與弱的態勢，弱的那一方，為求自保，很自然就會翻起舊帳，讓戰火更猛烈。這樣不但解決不了當下的問題，還把事情複雜化。

意見不合，一定要就事論事，才不會讓原本單純的事件，演變成愈吵愈烈的批鬥大會。

二、**不口出惡言，尊重對方的想法**。

男人的天性好戰鬥，特別是變成敵我雙方的狀況時，好像不爭出個輸贏，絕不善罷甘休。

我們家的兩個兒子也能說善道，聽他們吵架，在攻防說理中，當有一方失控，就會開始口無遮攔，難聽的話、惡毒的話，甚至詛咒的話，都可以無情地脫口而出，這樣不但混淆了事情，還傷害了感情。

不口出惡言，要尊重對方的想法，這是在做意見交流時，該注意的態度與界線。

在弟弟五年級剛進入情緒青春期時，很容易因為玩電腦遊戲遇上豬隊友而輸掉時讓情緒失控。那一次我聽到弟弟跟哥哥先吵後打時，因為還不知道前因，我只看見哥哥除了防禦，很克制自己不做攻擊。後來弟弟去睡覺，哥哥很生氣地跑來問我說：「媽媽，弟弟玩遊戲輸了就亂發脾氣，妳都不管管他嗎？」

我說：「哥哥，謝謝你！媽媽一開始不知道你們是怎麼開始吵架打架的，但媽媽看見你很克制自己，不傷害弟弟，真的讓媽媽覺得很欣慰！」

當我們還不清楚孩子為何發生爭執時，真的不能貿然去仲裁，這不但有可能會讓公親變成事主，還可能誤解孩子，造成親子或手足間情感的崩裂。

那一次衝突，大概是他們兩兄弟發生最嚴重的衝突。我跟哥哥在書房聊了很久，在房間睡覺的弟弟，應該也聽到我們聊著青春期情緒的起伏和變化，也感受到我跟哥哥對他的愛和包容，那份善意喚回笑嘻嘻地回到書房的弟弟。在那次衝突之後，弟弟就不曾跟哥哥再打過架，也鮮少發生口語衝突，只是在五、六年級時，他還是會自己爆氣。

三、**接受對方的情緒反應**。

在吵架時保持冷靜，是一個要修行的功力。即便自己可以冷靜，對方也不一定可以平靜。所以要接受對方出現的情緒反應，盡量做到不激怒對方、不惡意攻擊。

特別是家中有剛進入情緒青春期的孩子，這個時候家人的相互提醒，就成了滅火器。

四、**不因遷怒傷害人事物**。

遷怒，是大家都要避免的行為。孩子在念幼兒園時，校方有個守則，就是不可以傷害自己、不可以傷害別人、不可以傷害物品。所以，不要遷怒。

五、**父母協助孩子處理衝突，要盡量公正客觀**。

雖然我們訂好吵架的規則，但孩子們還是會有擺不平而找父母評理的時候，這時候我們要怎麼做才能避免造成偏頗呢？

・先充分傾聽兩方的觀點

每個孩子都不一樣，在乎的點也不同。像是牽扯到物品時，有人在乎價錢的多寡，有人在乎物品的新舊，這時要讓孩子說出心中真實的想法，充分訴說與表達，同時我們也要認真傾聽彼此的觀點與想法。

・協助雙方核對彼此的意見和想法

當衝突的雙方在做陳述後，家長可以幫孩子核對心中真實的意見和想法，讓孩子釐清在他心中真正在乎的是什麼。當彼此都明白雙方心中真正在乎的是什麼時，才容易協商出讓彼此都可以接受的做法。

・察覺情緒與克制情緒

在訴說、傾聽、溝通與協商的過程中，大家難免都會有情緒。很多衝突沒有處理好，其實不是事件有多複雜，而是大家讓情緒漫天飛舞，最後都敗在情緒之中。

父母要先能察覺自己的情緒，然後引導孩子察覺他的情緒，並且克制情緒的表達，才不會讓情緒成為事件的主導，而我們淪為情緒的傀儡。

• 協商完成給予肯定與賞識

當孩子透過溝通與協商，消弭了衝突，要給予肯定和賞識。父母對孩子的賞識，是孩子成長路上的明燈，會給孩子光亮的支持與溫暖。

六、即使吵架，也不讓向心力崩潰。

吵架的過程，如果可以把起爭執的問題解決，那就達到了良好的結果。如果在當下不能解決，也不要心急，大家再想一想，可以有什麼更好的方式。

在溝通結束後，要強調家庭的核心價值，修補與彌合在溝通過程中產生的嫌隙或裂痕，凝聚家人的向心力。我們家的核心價值是：用愛傳遞真誠、善良與美好。

家人會吵架，其實是利益衝突或情緒不好所造成。家庭的資源有限，本來就可能產生分配上的不均，大家要學會共享資源，要懂得協商與觀察家人的喜好，彼此互相體貼與包容。而情緒，每個人都有。從小就要讓孩子接受情緒、察覺情緒與學習轉化情緒，當心情不好的時候，大家可以說出來聊一聊，或是讓對方自己靜一靜。

孩子小時候往往是爭父母的愛，到大了一點的時候，就是爭物品或金錢等等。但很多家庭裡，卻沒有愛在流動，才會覺得手足一天到晚都在爭執。

父母可能會覺得很委屈，覺得我們明明就很愛孩子啊！每天拚命工作，還不是為了賺錢給孩子更好的生活，怎麼可以說我們不愛孩子呢？而孩子每天吵來吵去，我們也都是盡快解決他們的衝突，讓他們跟對方和好，要好好愛對方啊！到底是哪裡做錯了呢？

家，是講理，更是學習愛的場域。但我們往往急著「講理」，急著「解決問題」，卻沒有讓孩子「感受到愛」啊！

大家可以把情緒想成是紅綠燈，當手足發生衝突時是出現紅燈，紅燈就是大家都要停下來，要等！等情緒恢復冷靜，再處理事情。

手足發生衝突，其實都只是一種求救的訊號，這訊號讓家長知道有事情不對勁。而孩子在爭取資源時，他們要學習如何透過兼顧感性和理性的方式，來表達自己，同時也顧慮到對方的需求，因為孩子不只在學校，在社會也會面對這樣的事。

我們要讓孩子懂得說理，但更要讓孩子學會「如何表達愛」。

有好事，可以跟家人分享，是一種幸福；有壞心情，可以有家人一起分擔，更是一種幸福。家，是用愛凝聚的地方，在這些愛裡，我們學會表達自己，發現差異，處理衝突，拉近距離，也分享快樂與甜蜜，這種種滋味，就是生活的享受與承受。

當家人發生衝突時，要築起防火牆，不能燒毀原有的愛。

解讀衝突訊號，做出正向的改變

每個家庭都有不同的資源與限制，但我們卻不一定會好好利用資源，或是能讓限制轉變成資源，因為我們會習慣既有的事物。

當家庭發生衝突，其實是檢視資源與限制的訊號響起，讓我們重新審視家庭裡的人事時地物，是不是可以有更好的運用或配置，來展現更好的價值與效用。

練習在衝突中看見機會，就不會一直害怕衝突。

愛、陪伴與信任，是最強大的正能量

從無微不至到放手祝福，父母對孩子的愛，
都像是心臟裡的血液，源源不絕地在孩子的生命裡循環。
我們要用陪伴與信任，讓孩子站穩成長的腳步，
即便遇上困難與挫折，也相信自己有方法可以應對與解決。

剛出生的嬰兒，除了吃和睡，好像就只會長大，偶爾笑一下，你還會懷疑，是不是眼花看錯了？在這段時期，如果提供嬰兒良好而安全的環境成長，孩子的心性都會比較穩定，千萬不要以為孩子小還不懂，他只是不會說，但他會感受。

當孩子開始讀幼兒園，進入了團體學習階段，父母要不厭其煩地跟孩子進行大量的對

話。透過引導孩子說出一天的經過，也同時加強他的記憶力、表達能力，和思考的建構力。

陪伴孩子讀書，和訓練孩子說話，這兩件事真的很重要。因為，在十歲左右，當孩子的情緒開始進入青春期時，免不了要上演幾次親子之間的火爆衝突。這時，可以讓孩子閱讀適合青少年讀的書，和好好聽孩子說出心中的話。

有一次跟還在讀國一的哥哥祐亨聊天時問他：「你覺得在這個年紀，什麼能力是最重要的？」

他說：「好好說話的能力！」

我問他：「為什麼呢？」

他說：「這樣人家才知道你在說什麼，或了解你提出的問題和想法。」

沒錯，如果孩子不能好好說出心中的想法，需要大人猜或破譯，這樣不但親子都辛苦，甚至也很容易產生誤解。

記得祐亨剛讀小學時，老師很喜歡請他幫忙教不會的同學，因為有些孩子只聽得懂同儕說話的方式。我也很鼓勵他多教同學，我跟他說：「當你在教同學時，其實你更加強了自己的理解，還訓練了自己的表達能力。在付出時，收穫卻更多。」

他一直用這樣的方式在成長，付出自己的同時，也收穫了更多的能力。而很多同學，卻連好好說話以及清楚表達心中的想法，都無法做到。除了缺乏訓練與引導，最大的原因竟是在說話時，常常會被父母打斷。父母的急躁與沒耐性，不但會讓孩子覺得不受尊重，同時也讓孩子變得沉默和沒有自信。

孩子愈大，愈需要尊重他、信任他、支持他，讓他說出與釐清自己心中真正的想法，當孩子有機會慢慢理解自己的內心世界，才可以建構他的自信心與付出他的能力。

有天，我跟當時讀國三的祐亨去騎單車，騎了很遠之後，他說：「媽媽，我們可能騎錯路了！」因為他跟同學和同學的爸爸騎過一次，但是這段路我沒騎過。

我鼓勵他說：「不要擔心，我們剛才騎一條直路，然後右轉成大L形。現在，你可以選擇從原路騎回去，或是，再右轉，騎成大ㄈ形，最後，再右轉，就會變成大口形，回到原點。我們只要記得回家的方向就好。」

他說：「媽媽，那我們再往前騎，我不想騎原路回去。」

在人生行進的路上，當孩子面對困難或擔心或疑惑時，不要讓他被心中的假想敵打倒。冷靜分析狀況給孩子聽，讓他思考後做選擇。然後，尊重他的選擇，支持他的決定，就繼續陪伴下去。

一路上，因為跟祐亨記憶中騎過的經驗沒辦法完全吻合，他透過網路地圖找過幾次路，我都鼓勵他不要擔心。他透過現代科技，讓自己更有信心，勇敢地騎下去，這又訓練了解決問題的能力、持續到底的堅毅。他騎著大車，在恣意追風後，會停在前面等著騎小折的媽媽，這是他完成自我與體貼別人的成長。

在教養的路上，孩子從只會接受到開始付出，也不過是幾年的功夫。在初期，你只要用心引導與等待，孩子的成長就會與日俱進。在求學期，你愈放心尊重與支持，孩子的成長就會突飛猛進，這中間，要用無數的愛灌溉。去傾聽與回應並不難，但卻有辛苦與委屈，需要很多的包容與彈性。凡事熟能生巧，其實，減少跟青春期孩子的衝突後，就是開啟了增加了解彼此的機會之門。

當父母愈有耐心跟孩子溝通與分析，孩子就能學會更冷靜地面對問題。當父母讓孩子在呵護備至中慢慢成長時，不要忘了，要欣然接受孩子對你的付出與關心。親子是緣，可以相處的時間，沒有你以為的多，要讓彼此都可以在接受與付出中一起共好的生活。

那天六點十五分出發，九點三十分回到家。我問祐亨：「下週要再去騎單車嗎？」他笑著說：「好啊！」投其所好，就可以拉近和青春期孩子的距離。

現在讀高三的祐亨，雖然每天都被繁重的功課壓得喘不過氣，但他還是會跟我討論一下考試成績的好壞，或是讀書方式是否需要修正，有時我們也會聊聊看過的書或聽到的資訊新聞等等內心的想法。

雖然在他的功課上，我幾乎幫不上忙，但我能欣賞光鮮亮麗的他，也能接住垂頭喪氣的他，這份在陪伴中產生的愛與信任，讓他不斷為自己的生命產出新能量，隨時可以修正成長的腳步，完成適合自己的配速。

疫情延燒這幾年，數位學習蓬勃發展，資訊也不停更迭，其實有時候，孩子知道的知識與方法，可能比我們更新、更正確。我們慢慢也從陪著孩子長大的角色，變成跟著孩子一起學習，一起進步，親子間不但相互砥礪與激勵，也不用擔心自己跟不上時代的變化。

像我常常聽孩子們分享在學校的學習，與他們在閱讀或網路上得到的資訊。親子在這些互動與交流中，累積的愛與信任，會讓孩子更熱衷於學習和分享。

人，不是因為年紀大了而變老，而是不再思考、不再學習會造成停滯與老化。在這個變動快速的時代，我們最需要教給孩子的，就是保持學習的動力與熱忱。

謝謝孩子，讓我們的生命更完整

在為人父母之前，我們往往急著完成更多的事，實現更多的夢想，卻忘了自己一路是怎麼成長與走過生命歷程的。直到我們為人父母，看著一個嬰兒從什麼都不會的小東西，一路慢慢地會吃喝玩樂，會成長茁壯，我們才想著原來自己也是這樣長大的！

為人親方知父母恩，在我們學習做父母的路上，是孩子豐富也完整了我們的生活經歷與記憶，放手讓孩子成長，也讓自己的生命更睿智與圓融。

感恩與惜福，可以安定自己

孩子雖然遺傳父母的基因，但並不是父母生命的延續或複製，
讓孩子活出自己的生命，而不是變成父母喜歡的樣子。
感謝孩子豐富我們的生命，
惜福，會讓愛發光。

在一天的生活之中，情緒往往是最大的變數。有一句話說：「不怕念起，但怕覺遲。」這句話是說，情緒的產生很正常，不要擔心自己有各式各樣的情緒或念頭出現。就像是每一個人的想法和感受，都是自由而不受控制的，但應該要擔心的是，我們有沒有覺察到自己的念頭和想法，是否讓它們在衝動下變成失控的行為，造成事後的懊悔或遺憾呢？

人是群居的動物，我們接受很多人的幫助，才能享有舒適而便利的生活。面對這種該感謝卻不一定真有感謝的機會時，我們透過對社會的貢獻與付出，讓自己的獲得可以跟給予達到和諧的平衡，才不會得之有愧。

在我們接觸得到，甚至接觸不到的人群中，也許因著我們的有意或是無心，而對別人造成過傷害，這些或輕或重的傷害，我們也不一定有機會道歉。為了讓自己盡量減少對別人造成不必要的傷害，謹言慎行，是我們可以做到的自律。

道謝與道歉，是很容易就發生的狀況，但是，你是一個會跟孩子道歉和道謝的真誠父母嗎？

很多孩子到了青春期，會跟父母發生嚴重的衝突，有一個很大的原因，不單是孩子覺得父母不了解自己，而是他們突然發現父母「很假」。

說一套做一套的父母很假；只會要求孩子，自己卻做不到的父母很假；明明自己做錯了，卻死不認錯的父母很假，諸如此類的驚訝發現，會讓孩子感到混亂與挫折。比較聰穎的孩子就會開始找父母的漏洞鑽；比較駑鈍的孩子只好先放棄自己，因為青春期的身心靈已經夠混亂了，孩子實在無法再面對很假的父母。

父母不是神，是人，是人都有假面，但是父母不應該拿假面來對待天性善良的孩子。父母在工作上的交際應酬、爾虞我詐的那些社會互動，也許你可以跟孩子分享，但不是用那一套來教養孩子。

真誠的父母，才會養出真誠的孩子；會道謝與道歉的父母，孩子才知道在受人幫助時要表達謝意，造成傷害時要認錯致歉，還要處理善後。你怎麼做，孩子就怎麼學。

某天晚上，我跟祐亨聊到讀者跟我詢問的問題。

我說：「有些父母都說自己很公平，但孩子卻一再反映他覺得父母偏心，等到孩子青春期不聽話，父母就完全放棄。然後把愛寄託在比較小的孩子身上，等到小的孩子也到了青春期不聽話時，父母就慌了。孩子不聽話，父母就放棄他，到底是孩子傷害了父母，還是父母傷害了孩子？」

那時國二的祐亨說：「他們明明就是在互相傷害啊！」

我說：「哥哥，你說對了！很多父母以為自己很愛孩子，但是當孩子在青春期時，父母沒有適當的溝通方式與管道時，面對孩子的怒吼或不聽話，父母就以孩子很叛逆而放棄孩子。這樣會讓孩子的心很受傷，他們甚至會懷疑父母的愛根本就是假的。」

天下沒有完美的父母，也沒有完美的關係。每對父母跟親子之間，多少都會產生摩擦與誤會，所以需要真誠的溝通與交流，才可以了解彼此的想法和需求。

我常常謝謝孩子來當我的孩子，因為他們的存在，激發我蘊藏的潛能與鬥志，讓我可以展現出愈來愈成熟與睿智的自己。我也常常在做錯事或是自己不小心敷衍他們的時候，跟孩子道歉。

因為道謝，孩子覺得自己的存在對父母有價值、有幫助，而會喜歡自己；因為道歉，孩子知道父母也會犯錯，也會疲倦，也會需要家人的包容與諒解。

地球有七十幾億人口，跟你住在一起的有幾位呢？如果面對家人，我們都不能敞開心胸，呈現最真實與真誠的一面，那不是枉費了相處一室的緣分嗎？

所有教養問題的解答，其實就存在自己和孩子的相處與互動上面，每一個人，都希望自己是被好好對待的「人」。父母要勇敢而誠實地做自己，想要要求孩子，就要自己先做到。如果覺得自己之前的教養很失敗，就跟孩子道歉，承認錯誤，親子再擬定共同的目標，一起努力走向進步。

孩子從來就沒有真心想要傷害父母，但父母自己卻先放棄了孩子，到底誰受的傷害比較嚴重？父母跟孩子，一定要弄得兩敗俱傷嗎？

青春期的孩子，是生命中一段很混亂的時光，如果父母再給孩子一堆外在的限制與批判，孩子不但無法沉澱下來，省思自己，甚至會花上全力去反抗與違逆，這不是親子關係的雙輸嗎？父母除了放手與放心，更要放下我執。

除了送給孩子信任與尊重、關懷與祝福，我常常會幫自己按下暫停鍵，暫停干涉孩子，只是觀察與監督。父母自己先平靜下來，才能當作安定孩子的穩定力量。

這幾年很流行正念與自我關懷的觀念。正念是回到當下，停止對外界的反應，先內觀自己。比方說如果發現家裡失火了，沒有回頭救火，卻急著去追趕放火的人，就像沒有先自我關懷，安頓內心的怒火，那住家不是會燒個精光嗎？

做好自我關懷與觀照內心，我們才能安頓自己。不要用情緒去反應情緒，當自己平靜下來，再做回應。

當自己的情緒太強烈時，我會運用下面這十種情緒急救法，進行刻意練習：

一、接受當下的感受，不急著反應，帶自己回到正念。

二、深呼吸，並且數數，讓自己平靜下來。

三、按壓穴道，像是手掌虎口的合谷穴，手腕內部的內關穴。

四、兩手輕拍肩膀，一邊紓壓也一邊給自己穩定的力量。
五、放輕鬆微笑，笑能解千愁，帶來平和與喜悅。
六、全身掃描，內觀自己還有哪裡不舒服。
七、對自己信心喊話：「我可以冷靜下來，我愛自己。」
八、擁抱自己，與自己同在。
九、檢視念頭，這是真的嗎？這是善的嗎？你確定嗎？
十、在這個情緒事件中，找一個可以感恩的部分，進行感謝。

善用正念的情緒急救法來進行自我關懷，就像是在燙衣服時，先把內裡燙平整，再熨外表。擁有表裡如一的一致性，我們才會有平衡的身心。

能對孩子道歉與道謝，就是夠好的父母

感恩與惜福，是我在童年父母婚姻關係不穩定的風暴中，讓自己安定下來的一股力量。現在我實踐著正念與自我關懷，用真誠跟孩子相處。孩子們有好的表現與協助，我會謝謝他們；當自己的言行對孩子造成傷害或不舒服時，我也會跟他們道歉。

父母的言行舉止，都是孩子學習的樣板。做個可以跟孩子道謝和道歉的真誠父母，孩子也會有真誠而真情的處事態度。

我們不需要當個完美父母，只要過著身心平衡的健康生活，對孩子就是好父母的示範。

拉開相處的距離，才能拉近心的距離

孩子養到青春期，是父母走上了最艱辛，也最需要學習放手的一段路。會艱辛，是苦在心而不是體力，因為孩子不需要我們無微不至的照顧了，但我們卻還不習慣，很怕自己會變成無用的父母。

面對青春期的孩子，我們確實要弱化自己的能力，孩子才會長出能力來。

大家都知道青春期孩子的體內火熊熊燃燒，不想讓青春期孩子的無名火，連結成燒傷親子情的實明火，就要保持一段欣賞的距離，才能讓親子關係變得美麗。

孩子的情緒，可能在冰山與火山之間交替出現。親子只有學習情緒控管與理智表達，才能融合成暖流，溫潤親子。

正在長大的孩子不是你的孩子，是他自己。青少年的身心混亂，是進化到身心和諧的必要過程，一如衝突是河流沖刷入海前的挑戰。要掙脫父母對自己的管束與控制，孩子肯定會反抗，因為孩子和父母是不同的人，當然會跟父母不一樣，他有自己的想法與做法，更想證明自己是對的。孩子肯說、會反抗，才不會把一切地下化。

孩子的防禦心，往往是不被信任的產物，父母要學習如何提出和接受批評，而不讓自己感到受傷或是傷害到孩子，其實是非常重要的生活技能。

父母是孩子最初的老師，但孩子其實也是父母的老師啊！只有孩子可以教你怎麼養他、教他、疼他、愛他、信任他、肯定他、祝福他。每一個孩子，都是上天賜予最獨特的生命。孩子是提升父母智慧的關主，會一直出考題讓父母的智慧晉級。

孩子的人生由父母給予和引導，讓孩子在選擇中證明與定義。當孩子從小時候閃著晶亮的雙眼問「為什麼」，到目露兇光的咆哮著「為什麼不」時，孩子要透過不停地問答與追尋，完成對自我生命的探索與建構，這就是青春期的任務。

青少年的叛逆是常理，爸媽的苦要能收能放。拉開相處的距離，才能拉近心的距離。

青春期孩子的情緒像變魔術，爸媽不要太入戲。你進我退，你退我進，親子雙方要能合拍，才能漫舞青春期的華爾滋。親子是相愛的家人，不是相害的仇人。父母只要抓大原則，放小細節，讓孩子可以放心做自己，把時間花在證明自己，而不是反抗父母。

父母常常會把「愛」與「期待」混淆在一起，當孩子滿足自己的期待，比方有好成績、有好禮貌，有任何好的表現時，就表現得很愛孩子。當在孩子的身上的期待落空時，就收回對孩子的愛。這樣的行為，其實不但孩子混亂，父母自己也會很懷疑對孩子的愛，到底是真的還是假的。

我們每個人都有愛，也會有期待，只是期待會有落空的時候，但愛卻不會消失。當我們把愛與期待混淆了，一如每個生命在遇上突發狀況時，都會變成一灘渾水，只有慢慢沉澱，才能再次恢復澄澈，才能看清楚自己，擁有什麼，又期待什麼。

當個可以把自己的情緒與期待控制好的父母，就不需要控制青春期的孩子。孩子的樣子，往往是復刻父母的言行舉止。

從小我就是敏感又自虐的人。往往一個人生悶氣、暗傷心、獨自垂淚到裹足不前，只會自我設限。這些年陪著孩子成長，透過觀察、自省、認真學習與實踐正念生活等的改變。我不斷提升對生命歷程的認知、理解與感受，盡量減少內在的拉扯與虛耗。透過自我對話與自我關懷，讓我更喜歡與更懂得善待自己，同時也昇華了靈性的福慧，和安定了內在的能量。

透過自我關懷，只有跟自己相處得好，才能學會跟別人好好相處。只有父母自己有源源不絕的內在能量，才能成為安定孩子的力量。

孩子大了，不需要我們越界的保護和支配，只需要給予愛的連結與祝福。

照顧孩子的飲食起居，讓他們的身體可以健康的成長，是一件小事。但開發孩子的心靈深處，引領著他們思緒上的理解與成熟，達到可以同理、可以包容、可以體貼、可以尊重、可以愛與付出愛，並且懂得如何選擇與負責，卻是件大事。

我們不能讓孩子只是因著歲月的更迭，只有身軀上的長大，卻沒有相應的思考成熟度。思考與理解能力也像吃飯睡覺一樣，每天都要進行訓練與開發。藉由跟孩子在日常的對話與處理事情中，達到引導與啟發。經由長久的訓練，孩子的身心靈，才可能同步地慢慢成長。

平時，要找出青春期孩子的正向認同，並鼓勵他證明自己，知己知彼，勝過懷疑猜忌。父母守住界線，才能好好守護孩子，讓孩子如他所是，而非如你所願。但如果青少年太宅、太懶、太廢，甚至發生自殘事件等，當孩子身心嚴重失衡時，一定要找專業人士協助矯治。下面幾個專業諮詢途徑可參考：

衛福部安心專線1950 提供全國人民免費心理問題諮詢服務

張老師心理諮詢專線1980 免費諮詢

張老師全球資訊網 http://www.1980.org.tw/web3-20101110/service.html

社會上有很多資源可以運用，爸媽不要孤軍奮鬥。

迷路，不一定是不知道要去的方向。迷路，有時候是忘了來的方向。每一個人的來時路，都是父母，也都是自己。如果親子關係讓你挫折，你要試著回頭審視自己成長的路。看是不是跟父母的關係沒有處理好，或是跟自己的關係不好，透過自我關懷與情緒急救的安靜與沉澱，我們才能生出澄澈與清明的力量。

讓孩子帶著健康的愛與祝福，走上自己的人生路。雖然父母不可能不牽掛，雖然心上難免有一點捨不得，但當他回頭跟你分享沿途的風光時，不是也擴展了你生命的版圖與眼界嗎？

讓孩子飛去嚮往的天空。讓自由的風，可以變成親子愛的翅膀。

祝每一個孩子，都發展出他生命最美好的樣貌。願每一對父母，都感受到為人父母的喜悅與驕傲。祝福我們都在生命的長河中，盡情地奔放與流淌，沿途豐收與付出一生，滋養與感謝每一段相遇，珍惜與成就每一種可能，享受為人父母的每一天。

教養生活CU00072

剛剛好的距離：
設立關愛界線，家有青少年的親子相處指南

作　者—尚瑞君
主　編—郭香君
封面設計—比比司設計工作室
內頁設計—葉若蒂
內頁排版—新鑫電腦排版工作室

編輯總監—蘇清霖
董事長—趙政岷
出版者—時報文化出版企業股份有限公司
108019台北市和平西路三段二四〇號七樓
發行專線—（〇二）二三〇六—六八四二
讀者服務專線—〇八〇〇—二三一—七〇五
（〇二）二三〇四—七一〇三
讀者服務傳真—（〇二）二三〇四—六八五八
郵撥—一九三四四七二四時報文化出版公司
信箱—10899臺北華江橋郵局第九九信箱
時報悅讀網—http://www.readingtimes.com.tw
綠活線臉書—https://www.facebook.com/readingtimesgreenlife
法律顧問—理律法律事務所　陳長文律師、李念祖律師
印　刷—紘億印刷有限公司
初版一刷—二〇二二年十一月十一日
初版十二刷—二〇二四年九月十二日
定　價—新臺幣三六〇元

時報文化出版公司成立於一九七五年，
並於一九九九年股票上櫃公開發行，於二〇〇八年脫離中時集團非屬旺中，
以「尊重智慧與創意的文化事業」為信念。

剛剛好的距離：設立關愛界線，家有青少年的親子相處指南／尚瑞君 著.
-- 初版. -- 臺北市：時報文化出版企業股份有限公司，2022.11
面；　公分. --（教養生活；CU00072）

ISBN 978-626-353-021-8（平裝）

1. CST: 親職教育　2. CST: 親子關係　3. CST: 青少年心理

528.2　　111015866

ISBN 978-626-353-021-8
Printed in Taiwan